리더의 본질

리더의 본질

스스로 변화하는 조직을 만드는
리더십 불변의 법칙

Leadership Changes Organizations

홍의숙 지음

리더북스

저자는 1992년 이후 30여 년간 수많은 직장과 학교에서 리더
십 코칭을 하고 후학을 가르치는 다양한 경험을 했다. 그 과정
에서 가장 많이 고심한 주제가 '리더의 본질'이다. 학문적으로
리더십에 관해 연구한 저서는 많다. 하지만 현장에서 몸소 체험
한 사례 중심의 '리더의 본질'에 관한 책은 흔치 않다. 이 책은
그동안 쌓은 저자의 체험을 간접 경험할 수 있는 소중한 기회를
독자에게 제공할 것이다.

_ 오종남(인간개발연구원 회장)

이 책은 직책의 높낮이와 무관하게 리더십을 발휘할 수 있음을
강조하며, 자기인식부터 시작해 공감, 성장 지향, 균형, 나눔에
이르는 5단계 리더십 프로세스를 제시한다. 특히 중소기업에서

리더의 중요성은 물론, 신뢰와 소통을 통한 동기부여 및 협업 역량 강화의 필요성을 설명한다. 리더가 개인과 조직의 성장을 위해 지속적으로 자신을 업그레이드하고, 관심과 정성을 기울여야 한다는 메시지를 담고 있다. 어떤 시장 상황에서도 유연하게 대처하며 성장하는 조직을 만들고자 하는 모든 리더에게 이 책을 추천한다.

_ 박승주(세종로국정포럼 이사장, 전 여성가족부 차관)

한국의 인재들이 좁은 한반도를 넘어 세계에 공헌하려면 끊임없는 혁신과 변화를 추구해야 한다. 이를 위해 리더십의 중요성을 인식하고 그에 맞는 역량을 강화하는 것이 중요하다. 이 책은 다섯 가지 핵심 단계를 통해 리더십의 본질을 깨우치고 실현하는 방법을 명료하게 제시하고 있다. 즉, 자기를 알고, 공감하고, 성장하며, 균형을 잡고, 나누는 리더가 되는 것이다. 이를 위한 다양한 전략과 실용적인 팁들은 실제 업무에서도 문제 해결 능력을 높여줄 것이라 확신한다.

_ 정무성(현대차 정몽구재단 이사장)

조직이 커질수록 임직원들은 다양한 배경과 역량을 가진 사람들로 구성된다. 이 책을 통해 각자의 강점을 인식하고 발전시키면서 함께 일하는 방법을 배우고 실천함으로써 성공을 더욱 확고하게 이끌어나갈 수 있다. 특히 다섯 가지 핵심 원칙과 실용적인 가이드라인을 제공하여 개인적인 성장과 조직 내 협력을 증진할 수 있도록 한다. 이 책을 적극 추천하며, 함께 발전하고 성장하는 여정을 걸어가길 바란다.

_ 박정국(현대차 고문)

패션 산업은 끊임없는 변화와 혁신이 필수불가결한 분야다. 새로운 디자인, 트렌드, 소재를 선보여야 하기 때문이다. 다양한 개성을 지닌 인재들이 이를 위해 고군분투하는 과정에서 리더십은 매우 중요한 역할을 한다. 재능 있는 예술가들을 통솔하고 서로 어우러지게 하는 일이 혁신의 원천이 되기 때문이다. 그런 면에서 이 책은 나에게 많은 영감을 주었다. 자기 작업에 대한 확고한 신념을 가지고 일하는 이들에게 어떤 리더가 되어야 할지 알려주었기 때문이다. 어떤 산업이든, 누군가와 함께 일하고 이끌어야 하는 리더에게 이 책을 적극 추천한다.

_ 이상봉(홍익대학교 패션대학원 원장)

리더는 수많은 선율을 통합하고 조정하여 아름다운 공연을 이끌어내는 지휘자와 같다. 그런데 이 선율을 어떻게 조화시킬 것인가? 답은 그 선율 하나하나의 특색을 깊이 이해하는 데 있다. 나 자신을 알고, 내가 이끄는 사람 한 명 한 명을 주의 깊게 들여다보는 것이 리더십의 본질이다.

이 책은 바로 그 지점을 정확하게 짚어내고 있다. 현명하고 지혜로운 리더는 이 본질을 아는 사람이다. 더 나은 리더로 성장하고 싶다면 이 책에서 그 길을 찾아보길 바란다.

_ 최상호(국립오페라단 단장)

조직은 실체가 없는 추상적인 개념이다. 그런 점에서 조직의 본질은 사람이다. 하나의 목표를 달성하기 위해 모인 사람들의 집합체이기 때문이다. 그러므로 조직을 관리한다는 것은 사람을 관리한다는 것과 같은 의미다. 이것이 리더의 기본적인 역할이다. 그래서 좋은 리더는 같이 일하는 사람들의 자발적 참여와 몰입을 끌어내어 조직과 개인이 함께 성장할 수 있도록 돕는다. 저자는 '긍정적인 영향력을 행사해서 구성원과 함께 행복한 변화를 만들어내는 것'을 리더의 본질이라고 정의한다. 함축적이면서도 크게 공감이 간다. 이처럼 책은 짐짓 어렵게 느껴지는 리더십에 관한 개념을 쉽게 풀어내 책장이 술술 넘어간다. 그럼에도 리더가 갖추어야 할 역량과 유념해야 할 사항이 조목조목 실려 있다. 오랫동안 임원 코칭을 하면서 쌓은 저자의 지혜와 내공이 담겨 있다.

_ 변연배(딜리버리N 대표, 《The HR》 저자)

리더는 다양한 문제에 직면한다. 조직 내 계급의식, 높은 경쟁과 스트레스, 성별과 연령에 따른 편견, 문화적 기대와 관습, 정치적 갈등 등 여러 사람이 모인 만큼 무수한 이해관계가 상충한다. 또한 시장에 대응하는 변화와 새로운 접근에 대한 저항도 만만치 않다. 이로 인해 구성원들의 협력을 이끌어내지 못하고 혁신은커녕 리더로서의 역량을 인정받지 못하기 십상이다.

저자는 수만 명의 리더들을 코칭하며 얻은 통찰을 통해 스스로 변화하는 조직을 만드는 법을 안내한다. 그 답은 바로 '리더의 본질'에 있다. 잠 못 이루는 리더들에게 이 책을 적극 추천한다.

_ 안철경(보험연구원 원장)

리더의 자질은 조직의 성과를 좌우한다. 특히 맡은 책임이 클수록 리더가 조직에 미치는 영향력은 커진다. 리더의 말 한마디, 내딛는 한 걸음이 직원들에게 큰 의미로 다가간다. 그래서 리더는 모든 행동에 신중해야 한다. 하지만 나 역시 이를 잊고 제대로 해내지 못할 때가 많다.

이 책은 리더를 꿈꾸는 이들에게 어떻게 모범이 되어야 하는지 세세한 가이드를 제시한다. 리더의 고충과 외로움을 이해하고 공감해 주면서 말이다. 혹시 지금 방향을 잃었는가? 직원들을 제대로 이끌지 못하고 있다고 느끼는가? 그렇다면 이 책에서 위로와 동시에 진정한 리더로 나아갈 길을 찾길 바란다.

_ 이선주(kt is 대표이사)

우리 회사는 기술적인 발전을 통해 고객 가치를 창출함과 동시에 농업과 환경 분야의 변화에도 대응해야 한다. 이는 구성원들이 지속적인 학습과 노력으로 자신의 역량을 강화해야 가능한 일이다. 지시만으로 될 일은 아니기에 어떻게 직원들을 공감하고 역량을 끌어올릴 수 있는지 고민이 많았다.

그리고 이 책에서 그 해답을 찾을 수 있었다. 내가 먼저 리더의 본질을 갖추는 것이다. 긍정적인 영향력을 통해 서로가 인정하는 행복한 변화를 만들어내는 것, 이것이 바로 내가 할 일이다. 다음 단계로 발전을 준비하는 리더에게 이 책을 권한다.

_ 김무용(㈜팜한농 대표이사)

나는 좋은 리더인가? 불확실성이 높은 시대를 살아가는 리더들이 끊임없이 자기 자신에게 던지는 질문이다. 이 책은 리더십의 본질을 이해하고 마음 훈련을 하면 누구나 좋은 리더가 될 수 있다는 것을 깨닫게 한다. 리더들을 대화의 자리로 초청해 그들의 고민을 들으면서 진솔하게 상담을 나누는 느낌이다.

또한 이 책은 현장 중심의 다양한 사례들이 제시되어 있어서 쉽게 읽히면서도 많은 공감과 깨달음을 준다. 30년이 넘는 저자의 리더십 코칭 경험에서 축적된 통찰이 담겨 있어 읽는 내내 고개를 끄덕였다. 특히 가치관과 라이프 스타일이 다른 Z세대와의 소통에서 어려움을 겪는 리더들에게 필독을 권한다.

_ 한정화(한양대학교 경영대학 명예교수, 전 중소기업청장)

저자가 5년 전 《리더의 마음》을 출간한 이후 이 시대에 필요한 리더의 역할을 다룬 이 책이 나온 것은 모든 조직의 리더와 구성원, 특히 중간 리더인 팀장과 리더십 코치에게 매우 반가운 소식이다. 저자의 풍부한 경험과 실제 사례를 바탕으로 책인 만큼 이들에게 귀중한 지침서가 될 것이다.

이 책을 가까이 두고 읽으며 마음에 여유를 되찾아 자기인식, 공감, 성장, 균형, 나눔 등을 실행에 옮긴다면 리더로 성장한 자신의 모습을 발견할 수 있을 것이다. 리더십의 진정한 의미를 탐색하고자 하는 모든 이에게 강력히 추천한다.

_ 김영헌(㈔한국코치협회 회장)

"태어날 때부터 아는 이가 있고, 배워서 아는 이가 있고, 곤경에 처해 알게 되는 이가 있고, 곤경에 처했는데도 불구하고 배우지 못하는 이가 있다." 공자의 말이다. 시대를 뛰어넘어 인류의 스승인 공자조차 스스로를 배워서 아는 이라고 했다. 《리더의 본질》은 공자의 메시지와 상통하는 내용을 전한다. 리더로서 끊임없이 배우고 성장해야 한다는 것이다. 그것이 리더의 본질임과 동시에 리더가 지향해야 할 길임을 강조한다.

_ 김진석(하이서울기업협회 회장, 휴럼 대표)

오랫동안 리더의 자리에 있으면서 내가 깨달은 것은 진정한 리더십은 사람을 이해하고, 공감하는 데서 시작한다는 점이다. 이 책을 통해 오랜만에 스스로에게 중요한 질문을 던지게 되었다. '나는 내 직원들을 얼마나 이해하고 공감하는가?' 변화하는 세상 속에서도 굳건히 자리 잡은 리더십의 가치를 재확인하고 싶은 이들에게, 나처럼 본질을 잊었던 모든 리더에게, 이 책을 진심으로 추천한다.

_ 박철용(LG 인화원 Coaching College 전무)

흔히 하는 착각이 있다. 자유롭고 창의적인 조직 문화를 가진 회사에서는 리더십이 그리 중요하지 않다는 것이다. 사실이 아니다. 우리는 모든 것을 누군가와 함께 해결해야 하는 세상에서 살고 있다. 창의성과 혁신은 한 명의 뛰어난 개인에게서 발현되는 것이 아니다. 여러 사람이 머리를 맞댄 곳에서 그들의 노력에 의해 만들어지는 것이다.

이 사실을 정확히 알고 있는 리더라면 이 책 《리더의 본질》의 출간을 반길 것이다. 세월이 흘러 조직 문화 또한 바뀌었지만, 리더십의 본질은 변하지 않았다. 이 책에서 여전히 살아 숨 쉬는 리더십의 정수를 만나보길 바란다.

_ 백민정(스마일게이트 Chief Diversity & Inclusion Officer)

리더는 지위와 권력으로 말하지 않는다. 영향력으로 말한다. 영향력 있는 리더는 일일이 지시하고 명령하지 않는다. 직원들이 자발적으로 따르기 때문에 그럴 필요가 없다.

이 책은 바로 이러한 리더가 되어 직원들을 이끌고 성장시키는 법을 다루는 최고의 안내서다. 리더는 태어나는 것이 아니라 만들어진다. 이 책을 제대로 읽고 자신의 리더십 함양에 적용한다면 누구나 영향력 있는 리더로 거듭날 수 있을 것이다. 아직 영향력을 획득하지 못한 리더, 직원들의 자발성을 이끌어내고 싶은 리더라면 이 책의 도움을 빌려보길 바란다.

_ 남석열(한국동서발전㈜ 기획본부 본부장)

30대, 일터에서도 가정에서도 이제 막 리더가 되어가는 변곡점의 시기를 살고 있다. 그 과정에서 끝없이 이전의 나와 이후의 내가 어떻게 달라야 하는지, 또 변함없이 지켜 나가야 하는 것은 무엇인지 계속해서 스스로에게 묻는다.

나처럼 이제 막 시작하는 리더들에게 이 책은 리더로서는 물론 성숙한 인간으로서 살아가는 방식에 대해 중요한 화두를 던져준다. 리더로 살아갈 앞으로 30년 동안의 길잡이가 될 소중한 문장들을 만나게 되어 감사하다.

_ 장재열(청춘상담소 좀 놀아본 언니들 대표)

경영이 온통 숫자라고 생각하던 시절,《리더의 마음》을 읽고 경영이란 오롯이 사람의 마음을 다루는 일이라는 배움을 얻었다. 이번에 출간된《리더의 본질》은 시간이 흘러도 변하지 않는 리더십의 진정한 가치를 다룬 만큼 리더라면 누구나 읽어야 하고 꼭꼭 씹어 스스로 소화해 내야 하는 글이다. 특히 나와 같은 여성 리더라면 고민하거나 선택하지 말고 일단 무조건 읽으라고 권하고 싶다.

_ 홍유리(원테이커 대표)

이 책은 리더십에 관해 저자가 수십 년간 현장에서 경험하고 통찰한 내용이 고스란히 담겨져 있다. 특히 긍정의 힘을 통해 행복한 변화를 만들어내는 '리더의 본질'을 명쾌하게 정의하고 있다. MZ세대뿐 아니라 팀의 다양한 구성원들을 리드하고 있는 팀장으로 겪게 되는 수많은 상황 속에서 지침이 되기에 손색이 없다. 리더십에 대해서 고민하는 모든 이에게 이 책의 필독을 권한다.

_ 방준현(LG유플러스 팀장)

시대가 흘러도 불변하는
리더의 본질

우리는 모두 리더다.

인간은 누구나 크고 작은 조직에 속해 있으며 더불어 살아가는 존재다. 언제 어디서든 둘 이상이 모이면 누군가는 자연스럽게 리더의 역할을 하게 된다. 모임을 이끄는 것뿐만이 아니다. 상황에 따라 누군가가 대화의 주도권을 잡기도 하고, 또 다른 누군가는 자신이 잘 아는 장소로 사람들을 이끌기도 한다. 이처럼 리더의 역할은 같은 조직 안에서도 바뀔 수 있다.

이는 지극히 자연스러운 현상이다. 그러니 '리더'라고

해서 일개 직원일 뿐인 나와는 관계없다고 생각할 일은 아니다. 또한 현재 리더의 위치에서 부담을 느끼고 스트레스를 받는 이들에게도 이러한 메시지는 위안을 줄 수 있다.

그렇다면 리더란 무엇을 하는 사람인가?

나는 1992년 6월 리더십 분야에 발을 내딛기 시작하여 지금까지 32년간 오직 한길을 걸어왔다. 그동안 공기관, 대기업, 중소기업 등을 대상으로 강의와 코칭을 하고 대학원에서 학생들을 가르치면서 다양한 리더들과 만남을 가졌고, 헤아릴 수 없을 만큼 많은 경험을 했다. 그 과정에서 '리더의 본질'에 대해 고심해 왔다.

리더라면 잘 알겠지만 주요 개념을 정의 내리는 행위는 무엇보다 중요하다. 비전이나 목표에 대한 해석이 사람마다 다르면 하나로 힘을 합쳐 나아갈 수가 없기 때문이다. 그러므로 무엇을 하든 제일 먼저 해야 할 일은 일의 비전과 목표를 정의 내리는 것이다. 그래야 달성 목표를 명확히 공유할 수 있고, 이를 통해 어떤 상황에서든 판단의 기준으로 삼아 안정적인 리더십을 발휘할 수 있다.

특히 지금처럼 시대가 급변하고 불확실한 시장 상황에서 리더 스스로가 자신의 역할에 대한 정의를 제대로 내리지 못한다면 조직은 길을 잃기 쉽다. 리더 자신이 견고하게 자리를 지켜야 어떤 어려움에도 동료들은 심리적 안정감을 느끼며 한 걸음씩 함께 앞으로 나아갈 수 있다. 이 책의 제목이 '리더의 본질'인 이유다.

내가 정의 내린 '리더의 본질'은 이렇다.

'리더는 조직을 성공적으로 이끌기 위해 지위나 권력을 누리기보다는 긍정적인 영향력으로 서로가 인정하는 행복한 변화를 만들어내는 사람이다.'

이를 바탕으로 본질에 충실한 리더십을 발휘하려면 어떤 단계를 거쳐야 하는지 내 오랜 경험에 비추어 고민해 보았다. 5단계로 정리가 되었다.

'리더의 본질'에서 주요 키워드는 세 가지다. '긍정적인 영향력'과 '상호 인정' 그리고 '행복한 변화'다. 긍정적인 영향력을 키우기 위해서는 먼저 자신이 어떤 강점과 잠재력을 갖고 있는지 알아야 한다. 이때 피상적이지 않은 진정한 자기 이해가 중요하다. 하여 첫 번째 단계는 '자신을 아는 리더'다.

두 번째 단계는 타인과의 공감을 통해 긍정적인 영향력을 퍼뜨릴 수 있는 '공감하는 리더'다.

세 번째 단계는 '성장하는 리더'다. 현실에 머무르지 않고 지속적으로 성장하며, 다른 이들도 성장할 수 있도록 진심으로 이끌어주고 인정을 받는다.

이는 네 번째 단계인 '균형 잡힌 리더'와도 연결된다. 다른 누구와 비교하지 않고, 자신의 상황에 맞춰 균형을 잡아가는 모습은 리더로서 따르고 싶게 만든다.

마지막 단계는 자신이 가지고 있는 유·무형의 자원을 나누며 함께 행복한 변화를 만드는 '나누는 리더'다. 이 단계에서 나눔을 통해 '행복한 변화'가 조직 전체로 확장되고 선순환된다.

이렇게 리더십을 발전시키는 5단계의 과정을 실제 사례들과 더불어 살펴보려고 한다. 특히 이 책에서는 여성 리더들이 늘어나는 현재 상황에 걸맞은 성공적인 조직 운영 방법과 세대를 아우르며 리더십을 발휘하는 방법 등도 포함되어 있다.

마지막 책인《리더의 마음》출간 이후 어느새 5년이 지났다. 그동안 꾸준히 후속작을 묻는 독자분들의 요청으로 이 시대에 필요한 리더의 역할을 다루는《리더의 본질》을 펴낼 수 있었다.

이 책을 만들기 위해 여기저기 써둔 글들을 잘 정리해준 남편과 회사에서 도움을 준 김재은 대표, 김순희 팀장에게 감사를 전한다. 20년 전 처음 책을 만들 때부터 지금까지 변함없이 믿어주고 이끌어준 다산북스 김선식 대표와 완성도를 높이기 위해 수고한 김현아 팀장에게도 감사드린다.

홍의숙

LEADERSHIP 1
자신을 아는 리더
목표를 나침반 삼아 강점을 믿고 당당하게 행동하라

LEADERSHIP 3
성장하는 리더
변화가 클수록 성장의 폭도 커진다

자신을 아는 리더

목표를 나침반 삼아
강점을 믿고 당당하게 행동하라

변화는 두려울 수 있지만, 더 무서운 것이 무엇인지 아는가? 두려움이 당신의 성장, 발전과 진보를 막도록 허용하는 일이다.

Change can be scary, but you know what's a scarier? Allowing fear to stop you from growing, evolving, and progressing.

_ 맨디 헤일(Mandy Hale)

95%의 사람은 자기 자신에 대해서 잘 알고 있다고 생각한다. 하지만 실제로는 10% 정도의 사람만이 자기 인식이 높다고 한다.

자기 인식이 높은 리더는 스트레스 상황에서도 감정을 잘 조절하며 적절한 표현을 할 수 있고, 약점을 개선

하는 데도 크게 부담을 느끼지 않는다. 또 대인관계에서도 다른 사람들의 의견을 잘 수용하며 서로에게 도움이 되는 방안을 모색한다.

반면 자기 인식이 부족한 리더는 상대방에게 자신의 생각과 감정을 올바로 전달하지 못하여 오해와 갈등을 불러일으킨다. 그로써 잘못된 결정을 하기 쉽고 감정 조절을 못해 대인관계에서 큰 문제가 생기기도 한다.

리더는 자신의 강점과 보완할 점을 정확하게 알아야 한다. 그래야 내·외적으로 어떤 역량을 향상시켜야 하는지 파악하고, 지속적인 노력을 기울일 수 있다. 자신을 잘 아는 리더가 되면 구성원들과 긍정적인 관계를 형성하며 자연스럽게 함께 행복한 성장을 해갈 수 있다.

누군가가 리더에게 가장 중요한 덕목이 무엇인지 묻는다면 이렇게 답하고 싶다.

"먼저 자신이 누구인지, 무엇을 잘하고, 무엇이 부족한지를 정확히 알아야 합니다."

K사 박 사업부장은 전 직장에서 다방면으로 인정받아 임원으로 승진했다. 이후 자기 능력을 더 키우고자 큰 회사로 이직했다. 그러나 옮긴 회사에서 1년이 넘도록 같은 스트레스가 반복되고 있다.

"큰 기대를 안고 직장을 옮겼어요. 그런데 상사와도 사사건건 부딪치고, 부하 직원들은 내가 진행하라는 일이 힘들다고 아우성입니다. 조직 문화가 이전 회사와 너무 달라서 매일이 전쟁 같습니다."

그는 무엇이 이런 상황을 만들었는지, 도대체 자신이 어떤 사람인지도 모르겠다고 한다. 이처럼 앞이 보이지 않는다고 느낄수록 리더는 자기 자신을 먼저 찾는 시간이 필요하다.

박 사업부장은 코칭을 통해서 자신을 이해하게 되었다. 그는 모든 것을 체계적으로 잘 정리하며 경쟁 상황에 능한 스타일이었다. 그 덕분에 전 직장에서는 성과도 잘 나왔고, 인정받으며 신나게 일했다.

그런데 옮긴 회사는 전 회사보다 조직 규모가 훨씬 크고 다뤄야 할 일이 너무 많았다. 즉 상사와 빨리 의견을 일치시켜서 진행하는 것이 중요했다. 그럼에도 자신의 성향대로 모든 일을 체계화해서 하려다 보니 트러블이 생긴 것이다.

같은 이유로 자기 성향을 의식하지 못해서 직원들만 탓했다. 당연한 것을 못 하는 그들이 문제라고 생각하며 스트레스를 받은 것이다. 아울러 경쟁심이 무척 강한 타입이어서 상사와도 무의식적으로 계속 부딪쳐 왔던 사실도 코칭을 받으며 발견했다.

자신도 미처 인지하지 못한 성향으로 스트레스를 받으며 사는 사람들이 의외로 많다. 자신의 성향이 어떤 면에서 잘 발휘되고 안 되는지 알고 나면 스스로 성장함은 물론 타인과의 관계도 개선될 수 있다. 그뿐 아니라 구성원이 역량을 발휘할 수 있도록 돕고, 상호 인정하고 존중하는 긍정적인 문화를 조성할 수 있다.

리더가 자기 인식이 명확할 때 비로소 견고한 팀워크와 원활한 커뮤니케이션을 만들어낼 수 있다. 자신을 잘 알수록 상황 통제력이 올라가므로 자기 신뢰가 높아진다. 자기 신뢰가 높아지면 희망적으로 사고하게 된다. 리더가 희망적으로 사고하면 조직에 긍정적인 영향을 미치며 자연스럽게 선순환 프로세스로 이어진다.

희망은 마치 독수리의 눈빛과도 같다.

항상 닿을 수 없을 정도로 아득히

먼 곳만 바라보고 있기 때문이다.

진정한 희망이란

바로 나를 신뢰하는 것이다.

_ 아르투어 쇼펜하우어(Arthur Schopenhauer)

*Leadership
Changes
Organizations*

1

방향이 명확하면
흔들리지 않는다

　나는 리더십 코치를 해온 지 만 20년째다. 30년 전부터 시작된 리더십과의 만남은 내 인생의 소중한 전환점이 되어주었다. 돌이켜 보면 지난 30년은 그야말로 열정이라는 단어 하나로 집약할 수 있을 것 같다.

　한 기업에 코칭을 하기 위해서는 사전설문 또는 면대면 인터뷰를 통해 회사에서 필요로 하는 상황과 코칭을 받는 당사자의 니즈를 파악하게 된다.

　정확히 파악된 니즈를 바탕으로 각 기업에 적합한 프로그램이 구성되고 상황에 맞춰 프로세스를 진행하게 되는데 정확히 파악된 정보가 기준이 된다. 이 책에는 이런 과정을 거쳐 진행된 코칭 사례들을 각색해 실었다.

상황을 바꿀 수 없다면
기꺼이 경험하자

의학연구소에 근무하는 김 부장은 세 번이나 승진이 누락됐다. '더 이상 올라갈 수는 없다'는 좌절감에 지쳐서 그만두고 싶다는 생각을 여러 차례 했다. 하지만 자신이 퇴사하면 부장급에 남아 있는 여성이 없을 것이고, 이는 곧 후배들에게 롤 모델이 사라진다는 의미일 것 같아서 가까스로 버텨냈더니, 드디어 이번에 승진했다.

문제는 그 뒤에 발생했다. 자신에게 사람들이 일을 몰아서 가져오기 시작했다. 누가 봐도 맡은 일이 많은데 계속 일이 주어지자 김 부장은 '너 이래도 일할 수 있어?'라는 무언의 압력을 느꼈다.

김 부장의 속마음은 어떠했을까?

코칭을 해보니 사람들에 대한 원망과 자기 미래에 대한 불안함이 공존하고 있었다. 이 때문에 일에 대해 실제보다 더 큰 중압감을 느끼며, 기쁨도 없이 마치 학생이 의무감으로 숙제하듯 일해왔던 것이다.

나는 그에게 생각을 전환할 팁을 제시했다.

- 바꿀 수 없는 상황이면 기꺼이 경험하자!
- 이 경험이 후배들에게 나눠줄 소중한 자원이 될 거야!
- 능력이 없다면 나에게 일을 가져오지 않았겠지? 이것도 나에 대한 인정으로 받아들이자!

만약 이렇게 생각을 전환한다면 어떤 하루하루가 될지 그려지느냐고 물었다. 잠시 후 김 부장은 미소 지으며 "제가 여유가 생기겠네요. 그리고 직원들과도 편하게 웃고 대화하면서 일을 나눌 수 있을 것 같아요"라고 했다. 그의 발걸음은 가벼워졌고 그 뒤 행복한 마음으로 출근할 수 있었다.

부정적 감정과 생각에만 너무 빠져 있으면 진정한 자신을 잃어버리게 된다. 이때 자신의 상황과 그 대응 방법을 좀 더 객관적으로 명확하게 바라볼 필요가 있다. 상황이 복잡하게 느껴질 때 필요한 것은 마음의 여유와 긍정성이다.

변화해야 하는 이유를
진심으로 이해한다면

한 신임 임원이 성공진단(Success Finder) 프로그램 진행을 요청했다. 진단 결과를 보니 의사소통 능력과 사람들과의 협력 관계, 혼란스러운 상황에서의 실행력 등 많은 요소에서 유능하다고 나왔다. 그런데 유독 '정치적 수완'이라는 항목에서는 하위로 나타났다.

그는 '정치적 수완'에 대해서 평소에 문제의식을 못 느꼈다. 상사와 친하게 지내면 잘 보이려는 아첨 같아서 후배 사원들과 친하게 지냈고, 그것이 잘하는 행동이라고 생각했다.

그러나 임원이 되면 두루두루 교류하는 것이 중요하다. 그래야 맡고 있는 사업부의 일을 다른 부서에 협조 요청하는 데도 수월하기 때문이다. 만약 해오던 대로 폐쇄적으로 일한다면 오히려 후배들을 도울 때 한정적일 수밖에 없다. 그는 진단 결과를 보면서 스스로 변화해야 하는 이유를 진심으로 이해했다며 웃음을 보였다.

한편 인내심 지수도 낮게 나와서, 스트레스 관리에 유의해야 한다고 일러주었다.

"정말 신기하네요. 사실 남들은 저를 성격 좋은 사람으로 알고 있거든요. 저는 속으로 엄청 힘든데 말이죠. 좋은 사람으로 보이기 위해 억지로 노력하고 있어요."

자신을 제대로 알면 자신도 미처 몰랐던, 또는 중요시하지 않았던 부분을 발견할 수 있다. 앞으로 직장생활에 무엇을 더 보완해야 하는지, 또 스트레스를 어떻게 관리하면 좋은지 도움을 받을 수 있다.

우리가 겪는 스트레스는 자신을 이해하면서 해소할

수 있다. 그러려면 스스로를 어떻게 생각하는지, 문제가 닥쳤을 때 어떤 방식으로 대응하는지부터 명확히 파악해야 한다.

서로 기대는 달라도
안정을 바라는 마음은 같다

K사의 이 본부장은 올해 매출 규모의 상당 부분을 차지하는 미국 수출 계약 건이 무기한 연기되자 발등에 불이 떨어졌다. 반드시 해결책을 찾겠다는 일념으로 밤잠을 설쳐가며 여러 가지 방법을 생각해 냈다. 지금 조치를 취하지 않으면 함께 일하는 구성원의 절반이 퇴사할 수도 있는 긴급한 상황이었다.

그는 절박한 마음으로 본부 직원들이 빨리 대처해 주기를 바라며 준비한 여러 안을 이메일로 공유했다. 그런데 직원들에게서는 아무런 답이 없었다.

무엇이 잘못된 것일까?

이 본부장은 자기 혼자만 회사 걱정을 하며 힘들어하고 있다는 생각에 충격을 받았다. 그러나 나중에 확인해 보니 직원들 역시 크게 스트레스를 받고 있었고, 이 본부장이 보낸 여러 이메일을 보며 의사 결정이 어려웠다는 사실을 알게 되었다. 중요한 내용일수록 더 간단하게 정리해서 명확한 지시 사항과 희망 사항을 전달했어야 하는데, 동시에 여러 개의 메일을 산발적으로 보내다 보니 직원들로서는 어떤 일을 우선적으로 해야 할지 혼란스러웠던 것이다.

어려운 상황일수록 직원들은 안정된 상사의 모습을 보고 싶어 한다. 한편 상사로서는 어려움에 처해 있는 상황을 직원들이 공감해 주길 바란다. 서로에게 기대하는 바는 다르지만, 궁극적으로는 회사가 안정되길 바라는 마음은 같다.

이 본부장은 리더로서 자신의 불안정했던 대응에 대해 숙고했다. 그러고는 서로 대화로 더 나은 방안을 찾아보자고 제안했더니, 직원들의 마음이 풀어지면서 그제야 비로소 다들 주도적으로 참여했다.

듀크대학교 습관연구소에 따르면 삶의 43%는 습관으로 이루어져 있다. 즉 수면 시간을 제외한 16시간에서 절반 가까이 습관적으로 생활한다는 것이다. 업무 처리나 인간관계에서 우리는 습관에 의존해서 행동한다. 그래서 자신의 업무 습관을 제대로 인지하고 있어야 한다. 또한 그 습관이 위기 상황에 어떠한 영향을 미치는지 알아야 올바르게 대처할 수 있다.

평소 자신의 생각과 대응을 제대로 이해해야
더 역량 있는 리더로 변화할 수 있다.

2

상대의 관점에서
한 번 더 생각하라

강 전무는 추진력이 좋고 성공 경험이 많아서 자신의 생각을 강하게 주장하는 편이다. 그는 모든 일의 결론을 자신의 생각으로 정리하기를 좋아한다. 그런 성향 덕분에 성과를 잘 내고 계속 승진해 왔다.

그런데 자신의 성과 지향적인 모습이 직원들을 힘들게 한다는 사실을 알고는 이제는 좀 변해야겠다고 생각했다. 그래서 인간적인 모습으로 다가가려고 노력했다.

회식 자리에 항상 참석해 대화하고, 때로는 축구 경기와 문화 공연에 동참하기도 했다. 직원별로는 한 달에

한 번 정도이지만, 자신은 부서별로 돌아가며 차례로 만나다 보니 거의 매일 직원들과 저녁 시간을 보냈다.

상대가 원치 않는 방법은
진심을 왜곡한다

─────────

그런데 자신의 노력에 대해 돌아온 반응은 뜻밖이었다. '강 전무는 회사만 생각하고 가정은 돌보지 않는다' '우리는 가정을 지키는 것이 중요한데 늦은 시간까지 붙잡는다' '내 시간을 빼앗는 것이 화가 나고 피하고 싶다'는 이야기가 들렸다.

이런 피드백을 받은 강 전무는 허탈해서 무엇이 잘못된 것인지 자문하며 고개를 숙였다. 자신이 최선이라고 생각하며 했던 노력이 직원들에게 오히려 스트레스를 주었다는 사실이 믿기 어려웠다.

인간은 자신의 경험으로 얻은 관점에서 벗어나기 어렵다. 강 전무는 자신만의 관점으로 바라보고 행동해서 이런 부작용이 생겼다. 살면서 생기는 스트레스는 대부분 나의 생각이 잘못 전달되기 때문에 일어난다. 현재 새로운 변화를 원한다면 상대를 위한 것인지, 상대가 원하는 방법인지 먼저 돌아보고 표현하자.

일 잘하는 리더가
하기 쉬운 실수

P사의 정 상무는 누구보다 명료하게 소통하는 사람이다. 그는 주도적으로 목표를 세워 체계적으로 일했다. 그간 확실하게 성과를 보였기 때문에 항상 상사에게 인정받았고, 승진도 빠른 편이었다. 구성원들과도 친하게 지내 그 나름대로 성공적인 직장 생활을 해왔다고 자부하고 있었다.

그런데 이번 리더십 평가에서 평균 이하의 점수를 받았다. 부장까지는 항상 칭찬만 받았고, 상무로 승진해서도 정말 열심히 일했는데, 졸지에 리더십에 문제가 있는 사람으로 평가받았다는 사실에 무척 당황했다.

구성원들의 리더십 평가 결과가 도저히 이해되지 않는다는 정 상무에게 사전에 성공진단 프로그램을 요청했다. 자신에게 어떤 문제가 있는지 정말 알 수가 없다며 답답해하는 정 상무와 진단 결과를 가지고 대화하기 시작했다.

진단 결과 정 상무는 자신의 생각을 말이나 글로 표현하는 것, 직관적이고 합리적인 사고 및 체계화, 목표 설정 등에서 높은 선호를 보였다. 모든 일을 체계화하여 빠르게 처리할 수 있고, 동시에 여러 가지 일이 주어져도 별로 힘들이지 않고 해내는 스타일이었다.

다만 자신이 쉽게 일을 처리하고 성과도 잘 냈기 때문에 모든 기준이 자신에게 맞춰져 있었다. 당연히 다른 사람들도 자신처럼 일할 수 있을 것이라 생각했다. 목표가 높고 의사 표현도 명확하기에 이러한 기준은 구성원들에게 더욱 강하게 전달될 수밖에 없었다.

실제로 진단 결과도 공감이나 비판 수용성은 매우 낮

게 나타났다. 정 상무는 업무 성과가 제대로 나오지 않았을 때 구성원의 입장에서 생각하기를 어려워했고, 그들의 어려움에 잘 공감하지 못했다.

정 상무에게 나쁜 의도가 있어서가 아니라 구성원들이 왜 이 일을 어려워하는지 제대로 이해하지 못한 것이다. 또한 비판 수용성이 낮기 때문에 이번 리더십 평가도 수용하기가 힘들었을 것이다.

정 상무는 코칭을 통해 자기 성향을 객관적으로 돌아보면서 마음이 편안해졌다. 그동안 자신의 기대가 너무 높았다는 점과 자신 역시 부족한 점이 있음을 인정하게 되었기 때문이다.

타인과 잘 공감하지 못한다면 나의 관점으로만 바라보고 있는지 돌아봐야 한다. **특히 높은 역량을 가진 리더라면 그 역량 때문에 다른 사람이 힘들 수 있다는 점을 이해해야 한다. 그리고 직원들의 낮은 역량을 수용해야 그들과 공감할 수 있다.** 업무에서 뛰어난 능력을 보이는 리더가 공감해 줄 때, 오히려 구성원은 날개를 활짝 펴고 자신의 역량을 제대로 발휘할 수 있다.

사람과 사람 사이의 조화는 귀중한 자산이 된다.

禮之用, 和爲貴.

_ 유자

새로운 조직의
팀장이 되었을 때

장 상무는 5년 동안 성과를 잘 내서 인정받고 승진했다. 승진의 기쁨도 잠시, 자신이 잘 모르는 분야의 부서로 갑자기 발령을 받았다. 게다가 회사 내 가장 성과가 나오지 않는 부서였다. 구성원들을 보니 지속되는 성과 부진으로 의욕도 없었다. 이곳에서 도대체 어떻게 해야 하나, 불안감이 엄습했다.

새로 온 부서에서 그는 나름대로 열심히 하려고 애썼다. 그런데 자기 편은 아무도 없고, 구성원들도 타성에 젖어서 최소한의 일만 하고 있었다. 처음에는 솔선수범하면 나아질 것이라 기대하고, 가장 먼저 출근하고 가장 늦게 퇴근했다. 잘 모르는 분야라 새로운 업무를 익히면서 구성원들과 친해지려고 노력했다.

그러던 중 한 팀장에게 황당한 말을 전해 들었다. 장 상무 때문에 구성원들이 너무 눈치가 보이고 부담이 된다는 내용이었다. 장 상무는 노력해도 통제할 수 없는 지금의 상황이 너무 부담스럽고 불안하고 초조하다.

대체 무엇이 잘못되었을까?

어떻게 극복할 수 있을까?

장 상무처럼 성공 가도를 달리다가 최하위의 실적을 보이는 부서로 가게 되면 모든 상황이 낯설 수 있다. 이럴 때 더 긴장하고 열심히 하려고 애쓰면 주변을 돌아볼 여유가 없어진다.

임원으로 승진할 때 많이 하는 실수가 있다. 바로 '내 실력을 제대로 보여주자'라고 생각하는 것이다. 임원의 역할은 구성원들의 성장을 지원해서 탄탄한 인재가 되도록 돕고, 조직을 건강하게 만드는 것이다.

그렇게 하기 위해서 먼저 자신의 정신 건강을 지키고, 내가 먼저 도움을 청하는 모습을 보여야 한다. 혼자 모든 것을 해결하려는 태도를 버리고, 자신의 취약점을 다른 구성원들이 받아들이고 도울 수 있게 기회를 줘야 한다.

마음을 얻는
5가지 소통의 기술

구성원의 마음을 얻으려면 어떻게 해야 할까. 단계적
으로 아래와 같이 접근하면 좋다.

첫째, 구성원들의 상황을 이해한다

5년간 줄곧 높은 성과를 내온 장 상무의 입장에서는
함께하는 구성원들의 태도가 이해되지 않을 수 있다. 하
지만 누구든 인정받기를, 이왕이면 웃으며 일하기를 원
한다. 이것이 안 된다면 반드시 이유가 있다.

각 구성원들을 만나서 진솔하게 대화를 하며 그들의
입장에서 바라보고, 그들에게 어떤 지원을 해주면 긍정
적인 태도로 일할지 먼저 알아보아야 한다.

둘째, 구성원들의 편이 되어줄 것을 약속한다

자신이 실무에 대해서는 모르는 부분이 많지만, 리더
로서 쌓아온 성공 경험과 노하우를 공유하며 함께 극복

하자는 뜻을 표현하라. 현재 상황을 객관적이고 정확하게 평가하되, 자신이 확실하게 힘을 합해 해결하겠다는 확신을 주면서 동기부여를 하자.

셋째, 구성원에게 권한을 위임한다

구성원들이 지닌 지식과 기술을 공유할 수 있는 분위기를 조성해야 한다. 상사가 실무를 다 알아야 한다는 생각을 버리고, 이미 오래 근무하여 노하우를 갖고 있는 직원들이 스스로 결정하고 실행할 수 있도록 권한을 위임할 때 업무 몰입도가 높아지고 성과물이 나온다.

넷째, 성장의 기회를 제공한다

오랫동안 인정받지 못한 부서에서 근무하다 보면 성장의 기회를 거의 갖지 못한다. 실제로 자격을 갖추고 있음에도 눈에 보이는 실적이 없다는 이유로 기회를 주지 않으면 성과를 못 내는 악순환을 거듭하게 된다.

이럴 때는 직원들에게 발전할 수 있는 기회를 주어야 한다. 부족할 때에는 먼저 채우는 것이 필요하다. 자신이 성장하고 있음을 느끼면 여유를 찾게 되고, 잠재력과 창의력을 발휘할 수 있다.

다섯째, 작은 목표부터 세운다

성과를 내지 못한 부서일수록 성취 경험이 매우 중요하다. 급한 마음에 높은 목표치를 설정하면 실패하기 쉽다. 상처받은 구성원, 인정받지 못해서 자신감이 떨어진 그들과 즐겁게 일하며 성과를 만들어가야 한다. 먼저 작은 목표를 여러 번 성취할 수 있도록 만들어주어라.

성공이 성공을 낳는다.
작은 성공을 기뻐하고 인정해 주면
그다음은 더 쉽게 해낼 수 있다.

3

자기를 긍정할 때
비로소 길이 보인다

IT업체인 K사는 3년 연속 성장하는 중이다. 그러다 보니 항상 인력난에 허덕이고 있다. 그런데 신규 프로젝트에서 중요한 역할을 맡고 있는 팀원 한 명이 퇴사를 하겠다고 한다.

대표가 정말 놓치기 아까운 인재라서 이유를 물어보니 그의 직속 상사인 박 팀장 때문이었다. 박 팀장은 새로운 프로젝트를 할 때마다 항상 부정적인 말을 해서 의욕을 꺾어놓는다고 했다. 구성원에게 동기부여는커녕 사기 저하만 시키고, 실제 일도 팀원들에게만 다 시키면서 문제가 생기면 책임까지 묻는 스타일이라 더는 그런 분위기에서 일하고 싶지 않다고 했다.

박 팀장은 왜 그렇게 부정적인 모습이 되었을까?

요즘같이 급변하는 세상에서는 어디로 가야 할지 리더가 답을 주기가 어려워졌다. 이때 변화의 속도를 따라가기가 버겁다고 느끼면 좌절감이 커져서 점점 부정적이고 방어적인 태도가 되고 만다. 어려운 상황일수록 거리를 두고 객관적으로 생각하라. 그러면 관계에서도 중립을 지키면서 문제를 최소화할 수 있다.

강점을 보고 달리면
약점이 보이지 않는다

중소기업을 이끄는 리더나 그 조직원들은 인재라는 말에 좀 인색한 편이다. 스스로를 한두 단계 낮춰 이야기할 때가 많다. 출신이나 학교, 또는 배경으로 스스로를 평가하기 때문일 것이다.

그러나 실제 조직에서 중요한 것은 무엇인가?

인간이 매 순간 이성적인 판단으로 의사 결정을 하기란 불가능하다. 많은 경우 본능적으로 행동하게 된다. 이럴 때 뇌는 '재능'을 좇아 결정을 내린다고 한다.

《강점혁명》에서는 재능을 '생산적으로 쓰일 수 있는 사고, 감정, 행동의 반복되는 패턴'이라고 정의했다. 즉 실제 조직에서 일할 때는 출신이나 학교, 또는 배경이 아니라 자신만의 사고, 감정, 행동 패턴이 영향을 미친다는 이야기다.

강 상무는 임원으로 승진한 지 6개월이 되었다. 남들은 임원이 되어 좋겠다고 했지만, 여전히 가시방석에 있는 것처럼 불편했다. 팀장으로 있을 때에는 유능하다고 인정받아서 좋았는데, 지금은 다른 임원에 비해서 어학 능력도 떨어지고 운동도 못하다 보니 점점 자신감이 없어져서다.

"그럼 당신은 어떻게 이 자리에 올 수 있었죠?"

강 상무는 내 질문에 업무가 확정되면 누구보다 빠른 추진력으로 진행하고, 그 일을 위해 사람들을 잘 모았기 때문이라고 답했다. 현재 하고 있는 업무와 자신의 재능은 어떤 관련이 있느냐고 물었더니 아주 잘 맞는다고 하면서 웃었다.

그는 자신의 일과 크게 상관없는 남이 가진 어학 능력이나 운동 등으로 괜히 스트레스를 받은 것이다.

지금 어깨가 처져 있다면, 스스로에게 물어보자.

나는 어디에 초점을 맞추고 있는가?

다른 사람들과 비교하면 괜히 부족한 면이 크게 느껴져서 고개를 숙이게 된다. 비교를 멈추자. 나의 재능에 초점을 맞추고 거기에 적합한 실행력을 높이면 그것이 바로 강점이 된다.

마커스 버킹엄(Marcus Buckingham)의 다음 말을 되새겨 보자.

"성공한 사람들은 모두 약점의 지배에서 벗어나 강점을 재발견하는 데 자신의 모든 것을 쏟았다는 공통점이 있다. 그들은 **자신의 약점을 고치는 데 20% 정도의 시간과 노력을 사용하고, 나머지 80%는 강점을 강화하는 데 사용한다.**"

강점을 보고 달리면 약점은 잘 보이지 않게 된다. 리더는 스스로에게도, 또 조직원에게도 강점부터 파악하여 성장하도록 도와주어야 한다.

지금 어디를 향해 달리고 있는가?

힘차게 걸으면
마음도 바뀐다

회사 경영 20년차인 이 사장의 전화를 받았다.

"제가 대표님과 약속을 지키기 위해 정말 노력하며 살아온 것 아시지요? 워낙 여러 가지 상황이 열악하다 보니 출구가 보이지 않았는데, 그래도 포기하지 않은 덕분에 드디어 결실을 맺게 되었습니다. 2년 동안 노력한 결과 6월에 올해 목표 50% 이상 수주했습니다."

그런데 그가 실제로 일을 진행하기 위해선 보증보험 증권이 필요한데, 회사의 실적이 좋지 않아 발행이 어렵다고 했다.

"그럼 어떻게 하실 건데요?"

내가 물었더니 당당하게 은행에 가서 요청하겠다는 것이다.

"중소기업이 얼마나 힘들게 일구어낸 프로젝트인데, 협조를 못 해주겠습니까! 지점에서 안 되면 본점 담당자라도 만나게 해달라고 요청해서 승부를 내야죠!"

심리학자 세라 스노드그래스(Sara Snodgrass)의 실험 결과 고개를 들고 힘차게 팔을 휘두르면서 성큼성큼 걷게 한 사람들의 행복도가 훨씬 높았다. 심리학자 윌리엄 제임스(William James)는 감정이 행동을 지배하는 것과 행동이 감정을 지배하는 비율이 같다고 했다.

목표를 위해 당당하게 말하고 대처하는 이 사장의 행동은 활기찬 마음을 만들려는 의도적 행위로도 볼 수 있다. 행동이 감정을 지배할 수 있다. 어렵다고 고개 숙이

며 자신 없이 걷지 말고, 원하는 미래를 상상하며 당당
하게 걸어보자.

단지 포기하지 않았을 뿐

———————

나에게는 15년 이상 된 모임이 여럿 있다. 모임에서
만나는 리더들의 모습은 다양하다. 80세가 넘었음에도
지방에서 4시간 이상 차를 끌고 와서 10년 넘게 한결같
이 제일 먼저 나오는 분이 있는가 하면, 몇 년 전까지만
해도 잘나가고 있다는 티를 내며 화려하게 등장했던 대
표 몇몇은 이제 보이지 않는다.

협회나 단체 모임에서도 마찬가지 현상이 나타난다.
나이가 지긋해도 늘 그 자리를 꿋꿋하게 지키는 대표가
있는가 하면, 마치 불꽃을 사르듯이 활동하다가 어느 순
간 나타나지 않는 대표들이 종종 있다. 왜 이런 차이가
있을까?

1년 전 한 대표는 자신이 개발한 제품에 확신이 있었

다. 정부 R&D 자금도 잘 받아서 사업을 진행해 왔는데, 마침 잘나가는 어느 회장께 피드백을 요청했다.

회장님은 이 시대에 누가 그런 제품을 만드느냐며 빨리 방향을 바꿔야 살아남을 수 있다고 조언했다. 한 대표는 이 말에 큰 상처를 입고 나에게 찾아왔다.

"이제 저는 어떻게 해야 할까요?"

"대표님은 그 제품을 만든 이유가 무엇인가요?"

이어서 나는 질문을 하나씩 던졌다.

- 어떤 가치관을 갖고 제품을 만들었나?
- 피드백을 준 사람은 어떤 기준으로 말한 것 같은가?
- 그의 기준에 동의하는가?
- 이 제품은 사람들에게 어떤 편익을 제공하는가?
- 이 제품을 누구에게든 자랑스럽게 말할 수 있는가?

내 질문에 차례차례 답하면서 한 대표는 마음을 정리할 수 있었다.

"아이쿠, 정신이 번쩍 듭니다. 저는 이 제품이 사람들에게 분명히 도움을 주고 건강한 사회를 만드는 데 기여한다고 보았고, 지금까지 심혈을 기울여 만들었습니다. 제가 연구만 하다가 자금이 부족해서 의기소침해졌는데, 거기다 좋지 않은 피드백을 받으니까 정말 자신이 없어졌나 봐요. 답변을 하다 보니 확신이 생겼습니다. 소신을 갖고 마무리하겠습니다."

최근에 한 대표의 제품이 출시됐는데, 그의 목소리에는 자신감이 묻어났다. 이어서 올해 50억 원 판매 목표를 세웠고 달성할 수 있다는 말을 전해왔다.

사람들은 어려움이 닥치면 너무 빨리 포기해서 자신이 꿈꾸던 진정한 가치를 완성시키지 못하는 경우가 많다. 자신이 하는 일에 확신이 있다면, 절대로 포기해서는 안 된다. 특히 중소기업의 경우 대표가 실패를 두려워하지 않으면 어떤 상황에도 살아남을 수 있고, 확실한 결과물을 만들어낼 수 있다.

모임에서 오랫동안 만나온 대표들은 **어려움이 없어서가 아니라 포기하지 않고 상황을 뚫고 나왔을 뿐이다.**

지금 힘든 리더에게 농구 스타 마이클 조던의 말을 힘껏 외쳐주고 싶다.

"나는 인생에서 9000개 이상의 슛을 성공시키지 못했다. 나는 거의 300게임에서 졌다. 경기를 뒤집을 수 있는 슛 26개를 실패했다. 나는 살아오면서 실패를 거듭했다. 그것이 내가 성공할 수 있었던 비결이다."

포기하지 않으면 언젠가는
자신의 진정한 가치를 보여줄 수 있다.

나는 인생에서 9000개 이상의 슛을 성공시키지 못했다.

나는 거의 300게임에서 졌다.

경기를 뒤집을 수 있는 슛 26개를 실패했다.

나는 살아오면서 실패를 거듭했다.

그것이 내가 성공할 수 있었던 비결이다.

_ 마이클 조던(Michael Jordan)

4

감정을 다스려야
남을 움직일 수 있다

리더 모임에서 자기소개 시간이 되면 누구나 돋보이고 싶은 마음이 생긴다. 이때 보이는 모습에 따라 지혜로운 사람과 어리석은 사람으로 나뉘어 기억된다.

만약 사회자가 1분을 주었다고 하자. 이때 정확히 시간을 지키며 재미있게 자신과 회사를 소개하고, 소극적으로 소개하는 다른 대표를 추켜올려 주는 사람이 있다. 반면에 혼자만 5분을 쓰며 자기 이야기만 실컷 하고는 정작 다른 사람이 자기소개를 할 때에는 전혀 관심을 갖지 않고 딴청을 피우는 사람이 있다.

누가 지혜로운 사람으로 기억되며 존경받을까?

지혜로운 사람은 타인을 존중하며 그의 말을 경청하고 타인이 돋보이도록 분위기를 만든다. 긍정적인 면을 먼저 알아보고 세심하게 배려하며 적극적으로 행동한다. 또 원칙을 지키면서 유연성도 갖추고 있다. 어리석은 사람은 이와 반대로 한다. 자신이 더 나서고 부정적이며 타인의 말에 관심을 갖지 않는다.

나는 과연 어떤 리더인지 돌아볼 필요가 있다.

관용과 배려가
리더의 품격

50여 명의 내로라하는 분들의 리더 모임에서 황당한 일이 일어났다. 참석자 중 한 분이 다른 한 분을 공개적으로 질타했기 때문이다. 알고 보니 자신은 그 사람과 좋은 관계를 유지하기 위해서 여러모로 신경을 쓰고 관심을 표했는데, 상대방이 전혀 반응하지 않는 모습에 화가 난 것이었다.

평소에는 자연스럽게 분위기를 주도하고 좋은 이미지를 가진 분이었는데, 마지막 날 화를 참지 못함으로써 다른 이들에게 불편함을 주었다. 이날 따뜻하게 마무리될 수 있었던 모임이 이분 때문에 어색함과 썰렁함으로 끝났다.

상대방이 설사 옳지 않은 행동을 했더라도 다른 참석자들을 배려했더라면 그날의 씁쓸한 사태는 일어나지 않았을 것이다.

셰익스피어는 말했다.

"남의 잘못에 대해 관용하라. 오늘 저지른 남의 잘못은 어제의 내 잘못이었던 것을 생각하라. 잘못이 없는 사람은 아무도 없다. 완벽하지 못한 존재가 사람이란 점을 생각하고 진정으로 대해주자."

리더라면 평소에 자기 멘탈을 잘 관리할 수 있어야 한다. 특히 '화'를 관리하지 못하면 다른 사람들에게 부정적인 모습으로 오래 기억될 수 있다. 다른 이들에게 **궁**

정적으로 기억되는 리더는 배려와 품어주는 마음이 자연스럽게 우러나는 사람이라는 사실을 명심하자.

불안을 환영할수록
멘탈이 강해진다

평소에 전략가라고 부를 만한 지인이 있다. 그런데 자신이 직접 경영을 할 수 없는 이유가 '멘탈'이 약하기 때문이라고 했다. 통상적으로 리더는 멘탈이 강해야 한다고 생각한다. 그런데 멘탈이 강한 사람이 리더가 되는 걸까, 리더가 되면 멘탈이 강해지는 걸까?

사실 멘탈은 불안감에 대처하면서 길러진다. 끊임없이 변화하는 환경 속에서 우리는 누구나 불안하다. 매일 예고 없이 다양한 일이 벌어지고, 타인의 생각과 마음을 예측하기도 어렵다. 특히 리더는 누구보다 불안의 요소가 훨씬 많은 사람이다. 다만 그럼에도 불구하고 불안감을 극복해 내야 하는 사람이 리더다.

리더의 불안은 그 자신만의 것이 아니다. 리더의 불안감은 쉽게 전염되기 때문이다. 그렇다면 리더에게 쉽게 찾아오는 불안감을 어떻게 극복하면 좋을까?

'감정지능'에 대한 연구들에 따르면 자기감정을 이해하는 사람들이 업무 만족도가 높고 혁신적인 업무 수행으로 더 나은 성과를 내며 건강한 인간관계를 맺는다고 한다.

자기감정을 이해하는 사람은 다양한 의견을 들을 수 있으며, 갈등 상황에서 현명한 결정을 한다. 즉 자신의 감정을 이해하면 더 나은 리더가 될 수 있다.

리더는 일에 대한 몰입도도 높아야 하지만, 구성원들에게 칭찬과 격려의 말도 해가며 동기부여를 해주는 존재다. 그런 리더가 불안해지면 마음의 여유가 없어지면서 동기부여는커녕 타인의 사소한 비판이 크게 들리고 상처가 된다.

리더십 코칭 기업 리부트(Reboot)의 CEO 제리 콜로나(Jerry Colonna)는 불안감을 다스리는 가장 좋은 방법은 불안감을 환영하는 것이라고 했다. 자신의 생각과 감정을 마치 역을 오가는 기차인 듯 생각하라고 조언한다.

생각과 감정들이 도착하고 출발하는 것을 지켜보며 단순하게 "걱정아, 다음에 또 보자. 잘 가"라는 말을 하다 보면 마음속에 있는 부정적인 감정으로부터 거리를 두게 된다고 한다.

불안을 느낀다면 기차역에 서서 나의 걱정과 불안이 오고, 또 지나가는 것을 바라보며 "잘 가"라고 배웅해보자.

안 좋은 시기에 무엇을 하느냐가
좋은 시기에 무엇을 하느냐보다 중요하다.
_케빈 켈리(Kevin Kelly)

오늘도 불안하다면 기차역에 서서

나의 걱정과 불안이 오고,

또 지나가는 것을 바라보며

"잘 가"라고 배웅해 보자.

여성 리더에겐
롤 모델이 필요하다

조직에서는 여성 인재에 거는 기대가 크다. 여성들이 남성에 비해 '관계 지향성'이 높기 때문이다. **관계 지향성은 남성 중심의 다소 권위적이고 수직적인 조직 문화를 유연하고 수평적으로 바꿀 수 있다.**

최근에는 대기업들도 여성 임원을 키우겠다며 강한 의지를 보이고 있다. 그러나 인재 추천 전문 기관 '유니코써치'에 따르면 2023년 국내 100대 그룹 가운데 임원 중 여성의 비율은 6% 수준이고, 여성 임원이 속한 분야도 주로 재무와 마케팅 등 매우 한정적이었다.

사회적으로 형성된
성향 차이를 이해하라

———————

　현실적으로 여성 리더가 절대적으로 부족하다 보니 여성 리더는 벤치마킹조차 쉽지 않다. 5000명의 직원이 일하는 회사에 임원이 20명인데, 여성은 한 명도 없는 조직이 있다. 때로는 단 한 사람만이 여성인데, 그것도 최근 5년 이내에 임원이 된 경우다.

　이처럼 남성과 여성의 롤 모델 비율이 현격히 차이가 나니 '방법을 몰라서' 또는 '본 적이 없어서' 여성 리더는 어려운 상황이 발생했을 때 쉽게 대처하기 어렵다.

　실제로 여성 임원은 그 권위를 인정받기 힘들며, 업무를 지시할 때 효과와 파워가 남성 리더에 비해 떨어진다. 남녀 직원 모두 여성 상사가 무언가를 요구하면 바로 대답하지 않다가도 남성 상사가 말하면 바로 대답하는 경우가 있다. 이럴 때 여성 상사들은 울분이 치솟는다. 왜 이런 일이 발생하는 것일까?

미국의 사회 언어학자 데버라 태넌(Deborah Tannen) 의 논문 〈대화의 힘: 누가 그리고 왜 듣는가(The Power of Talk: Who Gets Heard and Why)〉를 보면 남녀의 의사소통 양식, 직장에서의 성별 언어에는 명확한 차이가 있다고 나온다. **어릴 때부터 여자아이는 '관계'를 중시하는 사고방식을 발달시킨 반면, 남자아이는 '지위'를 중시하는 성향을 발달시켜 왔고, 이는 성인이 되어 직장 생활에서도 그대로 반영된다는 것이다.** 이는 사회적으로 형성된 남녀의 성향 차이로, 이를 이해하면 남성이든 여성이든 조직 생활이 좀 더 수월해진다.

전략적으로
부드럽게, 겸손하게

《오만하게 제압하라》의 저자 페터 모들러(Peter Modler) 는 "헌신적으로 일하고 좋은 실적을 올리는데도 남자 상사로부터 인정받지 못한다는 여성들의 불평이 지속적으로 반복된다"고 했다.

취업포털사이트 인크루트의 조사에 의하면 성인 남녀 10명 중 7명 이상은 조직 내에 군대 문화가 '있다'고 생각한다. 달리 표현하면 현재 조직에는 남성의 비율이 보편적으로 높으므로, 여성이 사회생활을 성공적으로 하려면 남녀의 차이를 인정하고 상대의 상황에 맞게 전략적인 대응을 해야 한다는 뜻이다.

한 여성 변호사는 자신이 남성 변호사보다 약하게 보이는 것이 싫어서 어떻게 해서든 똑 부러지게 일하겠다는 생각으로 일에 몰두했다. 후배 변호사들에게도 자신의 생각을 꼼꼼하게 적어주면서 도와주기도 했다. 그러나 자신의 노력에 비해 훨씬 못 미치는 평가를 받고서 좌절했다.

여성 리더십 연구에 따르면 강압적이고 지시 위주의 소통이 이루어지는 조직에서는 여성에 대한 평가절하가 두드러지게 나타났다. 특히 여성 리더가 남성 직원에게 권위를 내세우는 경우에 저항이 컸고, 여성 리더의

영향력은 오히려 감소했다.

다시 말하면 조금 강하게 보이거나 자기 일에만 몰두하고, 자신을 잘 드러내는 여성에게는 부정적인 감정을 갖기 쉽다. 이런 태도가 리더십을 발휘하는 데 마이너스 요인이 되는 것이다.

반면에 **능력 있는 여성이 따뜻한 면을 보이면 남성들이 매우 우호적으로 변한다는 사실을 기억하라.** 명확한 언어를 구사하는 유능한 여성이 미소와 상대방의 동의를 구하는 제스처를 함께 사용하면 상대방을 설득하는 데 훨씬 효과적이라는 연구가 있다.

그러므로 이를 전략적으로 잘 활용하자. 즉 능력 있는 여성 리더가 표현을 부드럽게 하면서 겸손한 모습을 보이면 영향력이 높아지고 오래 지속될 수 있다.

유리천장을 걷어차라

박 상무는 지난해 사내에서 첫 여성 임원으로 승진해 많은 이에게 축하를 받았다. 임원들뿐만 아니라 직원들도 특별히 자신을 주목하고 있어서 '정말 멋지게 성장하는 모습을 보여주겠다'며 각오를 단단히 했다.

그러나 1년이 지난 지금, 그는 마치 무거운 납덩이를 안고 있는 것처럼 가슴이 답답하다. 회사에 출근하는 게 더 이상 기쁘지 않다. 왜냐하면 30여 명의 임원 중 여성은 자신뿐이고, 노력해 보았지만 남성 임원들과 정보를 나누는 데 한계를 느꼈기 때문이다.

더욱이 최근 사석에서 한 남성 임원이 다른 임원에게

말하는 것을 듣고 머리가 더 복잡해졌다. 내용인즉, 박 상무의 부하 직원이 "여자 보스와는 이야기가 잘 통하지 않는다"라고 하면서 그에게 한번 만나달라고 요청한 것이다.

보통 여성 리더가 업무를 똑 부러지게 해서 인정받겠다는 생각이 크다 보니 인적 네트워크 형성에는 소극적인 태도를 보이는 경우가 많다. 물론 남성 리더가 상대적으로 많은 환경적인 영향도 크겠지만, 여성 리더 스스로 네트워크를 형성하려는 노력을 기울여야 한다.

여성 리더들의 모임에서 한 여성 리더는 사내에 팀장이 5명인데 여성은 자신밖에 없다 보니 어려움이 많다고 했다. 술자리, 운동 모임에 남성 팀장들과 함께하지 못해 정보에 뒤처지고, 업무에도 영향이 생겨 자신감이 점점 없어진다고 말했다. 그러자 옆에 있던 여성 리더가 자신의 성공담을 나누어주었다.

그는 자신이 참여할 수 없는 모임은 과감히 포기하고, 그 대신 그들에게 마음이 담긴 작은 선물을 했다고 한다. 예를 들면 술자리를 하고 온 다음 날, 자양강장제를 건네주거나 점심시간에 북엇국을 사주겠다며 몇 번 다가갔다고 한다. 그러다 보니 자연스럽게 팀장끼리의 미팅을 남성들이 다른 형태로 제안하더라는 것이다.

여성과 남성이 함께 일하려면 오픈 마인드가 필요하다. 또 나름의 친화적인 전략도 있어야 한다. 너무 자기 생각에 빠져서 혼자 오해하며 판단하지 마라. 자신의 판단이 객관적인 상황에 근거한 것인지 의식적으로 주의를 기울여야 한다.

여성 리더가 성장하는 3가지 방법

여성 리더들이 모여 대화를 해보면 나이 50세가 넘어서 일하는 이유로 많이 나오는 말이 있다. 그들은 정말 일이 재미있어서 계속하기도 하지만, 후배들을 위해 버텨야 한다는 생각이 컸다.

2023년 11월 고용노동부 자료에 따르면 여성 고용률이 62%다. 그러나 회사에서 구조 조정 이야기가 나오면 가장 빨리 포기하는 쪽이 여성이다. 이런 상황이 계속되면 여성 직원은 점점 많아지는데, 상위 직급은 전체의 10%도 안 되는 상황이 지속될 것이다.

여성 리더가 성장하려면 어떻게 해야 할까?

첫째, 자기 효능감을 높이고 철저하게 준비한다

자신이 무엇을 원하는지, 현실적으로 그것을 이루기 위해 무엇이 필요한지 명확한 목표를 세우고 계획한 것을 반드시 실행하는 습관을 들여야 한다.

페이스북의 최고운영책임자(COO)였던 셰릴 샌드버그(Sheryl Sandberg)는 '세상에 여성 지도자들이 손에 꼽힐 만큼 적은 이유는 무엇인가(Why we have too few women leaders)'라는 주제의 TED 강의에서 많은 여성이 결혼하기도 전에 육아와 앞으로의 문제에 대해 너무 많이 고민하는 나머지 오히려 현실에 최선을 다하지 못한다는 점을 지적했다.

또한 대부분의 여성들이 기회가 올 경우 자신의 것으

로 만드는 데 소극적이라고 했다. 여성들에게는 현재 당면한 일에 최선을 다하며 기회가 있을 때 적극적으로 자신을 어필하는 자세가 필요하다.

둘째, 폭넓은 시각을 갖도록 노력한다

여성들은 주어진 일에 집중하는 데는 뛰어나지만, 조직에서 이루어지는 일을 큰 틀에서 생각하고 전략적으로 접근하는 능력이 떨어진다는 이야기를 종종 듣는다.

정치, 사회, 문화에 대해 전반적으로 관심을 갖고, 자신이 리더로서 해야 할 일이 무엇인지 생각하는 연습을 해야 한다. 폭넓은 사고는 배우자와 대화하고, 자녀를 키울 때에도 매우 중요한 요소다.

셋째, 남녀가 조화롭게 일하는 데 중심 역할을 한다

'남자들은 우리를 이해하지 못한다' '여성의 적은 여성' 같은 생각은 조직에서 효과적으로 일하는 데 방해만 될 뿐이다.

_ 셰릴 샌드버그

　여성은 정서 인식 능력이 뛰어나 다른 사람의 행동을 잘 읽고 반응하는 장점이 있다. 이 능력을 이용해 조직 (일터와 가정)의 분위기를 잘 파악하고, 상대방의 장점을 활용해 시너지 효과를 낼 수 있다.

　훌륭한 여성 리더가 되기 위해서는 남녀를 비교하지 말고, 자신이 가진 능력을 토대로 미래의 가능성에 더 초점을 맞추어야 한다.

약비차인,
대체 불가능한 존재가 돼라

김 팀장의 팀원 중 입사 5년차인 대리가 최근에 아빠가 되었다. 그러면서 여러 가지 일이 생겨 지각과 결근을 자주 했다. 박 대리의 이런 모습은 다른 직원들의 불만을 불러일으켰다. 지각이 잦아진 박 대리는 당연히 눈치를 볼 수밖에 없었다. 이때 팀장으로서 어떻게 하면 좋을까?

갤럽의 연구에 따르면 직장에서의 유대 관계가 직원의 업무 참여도와 작업의 질을 높이고, 병을 앓거나 다칠 확률을 낮춘다. 긍정적인 유대관계는 자존감과 자기효능감을 강화하는 동시에 자신의 경험을 긍정적인 감정으로 바꿔준다. 즉 **조직원의 긍정적인 감정을 이끌어내면 성과와 회복탄력성이 높아진다.**

그러므로 리더에게는 직원 상호 간에 애정과 관심을 주고받는 분위기를 조성하는 일이 중요하다. 이에 김 팀장은 불만을 가진 직원들이 가장 신경 쓰는 부분이 무엇인지 파악해야 한다. 한편 박 대리에게는 그가 이해받고 있다는 느낌을 주어서 빨리 업무에 몰입할 수 있도록 도와야 한다.

약비차인(若非此人)은 '만약 이 사람이 아니었더라면'이라는 뜻을 가진 사자성어다. 1433년 장영실이 만든 '자격루'를 보고, 세종대왕이 그의 솜씨에 감탄하며 '만대에 이어 전할 기물'이 창조됐다고 칭찬하며 한 말이다. 권위적이고 수직적인 조직 문화에서 여성을 두고 '약비차인'이란 말이 더욱 많이 나오길 기대한다.

섬세함, 공감력, 배려심 등
여성들의 강점을 활용해
진실한 네트워킹을 해보자.

엄마의 사랑은 가족에게 지속적인 힘이 되었는데,

나의 커다란 기쁨 중 하나는 엄마의 포용성과

따뜻한 마음, 지성이 딸에게 그대로 나타나는 것입니다.

My mother's love has always been a sustaining force for our family,

and one of my greatest joys is seeing her integrity, her compassion,

her intelligence reflected in my daughters.

_ 미셸 오바마(Michelle Obama)

공감하는 리더

공감과 소통으로 쌓은 신뢰는
무너지지 않는다

다른 사람들이 당신을 좋아하기를 원한다면, 진정한 우정을 키우고 싶다면, 당신 스스로를 돕는 것처럼 다른 사람들을 돕고 싶다면, 이 원칙을 명심하라. 다른 사람들에게 진정으로 관심을 가져라.

If you want others to like you, if you want to develop real friend-ships, if you want to help others at the same time as you help your-self, keep this principle in mind; Become genuinely interested in other people.

_ 데일 카네기(Dale Carnegie)

살면서 이런 생각을 할 때가 있다.

'내 말은 그 뜻이 아닌데….'

'제발 속뜻을 좀 이해하라고!'

'어떻게 이 말을 못 알아듣지?'

'자기 생각만 옳은 줄 알지, 다른 사람 마음은 도무지 몰라.'

인간은 감정의 동물이기에 언제나 공감받기를 원한다. 자신이 하는 말에 상대가 공감해 주면 여유 있게 반응하게 되어 관계가 부드러워지고 의견도 잘 조율된다.

A기업에서 신사업 아이디어 회의를 위해 1개월 동안 조사하고 팀마다 각자의 아이디어를 발표하는 시간이었다. 사업1팀의 김 팀장이 발표하는 동안 사업2팀의 정 팀장은 매우 불편한 표정으로 듣고 있었다. 질문 시간이

되자 정 팀장은 안 되는 점에 대해서만 언급하고, 김 팀장의 의견에 찬성하는 발언을 하지 않았다.

김 팀장은 외부의 협조까지 받아서 최선을 다해 발표 자료를 준비했기에 괜찮은 평가를 기대했다. 그런데 바로 옆에 있는 팀장이 수고했다는 말은커녕 부정적인 면만 언급하니 이제까지의 수고가 한 번에 무너지는 것 같았다.

"아니 어떻게 그렇게 해석할 수가 있어요? 너무하시네요!"

김 팀장은 감정이 북받쳐 큰소리를 내고 말았다. 서로 아이디어를 보완하며 유익한 시간이 될 수 있었던 그날의 회의는 모두에게 마이너스가 되었다.

나중에 그는 위기 상황이라 다 같이 예민해져 있다는 것을 알면서 부끄러운 행동을 했다고 사과했다. 그러나 이렇게 덧붙였다.

"우리 제안이 100% 관철될 거라고 기대하기는 어렵지요. 저희가 최선을 다했듯이 다른 팀도 노력했으니까요. 그렇지만 정 팀장이 조금이라도 공감하는 말과 제스처만 보였더라도 그렇게까지 화를 내며 소리 지르는 어리석은 짓을 하지 않았을 겁니다."

성공한 리더 중에는 유독 공감적 리더십을 발휘해 협력을 잘 이끌어내는 사람이 많다. 공감적 리더십이란 다른 사람의 요구를 이해하고, 그들의 감정과 생각을 인식하여 그에 맞게 대응하는 리더의 능력을 말한다.

공감에 대한 연구를 보면 직장 내에서 공감이 업무 성과와 긍정적인 관련이 있거나, 공감 수준이 높은 사람이 다른 사람의 관점에서 상황을 이해하고 성과를 높일 수 있다는 분석이 많다.

공감은 개인과 조직이 더 효과적으로 상호작용을 하는 데 필수적인 역량이다. 특히 도전적인 상황에 잘 대처하고 서로가 성장하는 데 결정적인 영향을 미친다. 타인의 다름을 이해하고, 올바른 태도로 '공감하는 리더'는 구성원들과 깊은 대화를 나누면서 상호 신뢰를 쌓을 수 있다.

한편 공감과 관련해서 빼놓을 수 없는 소재가 있다. 바로 '세대 공감'이다. 약 3년 전부터 조직 내 세대 간의 소통 문제가 코칭의 핵심 주제로 떠올랐다.

문화는 상징(Symbol), 언어(Language), 종교(Belief), 가치(Values), 규범(Norms)으로 구성되는데, 최근 밀레니얼 세대에게 익숙한 디지털 문화와 베이비부머 세대에게 익숙한 유교 문화가 부딪치고 있다.

가부장제, 효도, 집단주의, 교육 우선주의가 당연했던 베이비부머 세대가 보기에 핵가족화, 비혼, 여성의 경제 활동, 교육 시스템의 변화를 겪은 밀레니얼 세대는 자신들과 달라도 너무 다르다.

두 세대 모두 서로에 대해 고개를 저으며 말한다.

"DNA 구조가 달라서 이해할 수가 없어요. 다른 인종이에요."

전쟁의 폐해를 직·간접적으로 겪은 세대와 전혀 알지 못하는 세대, 얼굴을 보고 이야기하는 것이 익숙한 세대와 SNS로 하는 소통이 익숙한 세대, 유교의 가치가 중요한 세대와 그렇지 않은 세대가 서로 어떻게 공감할 수 있을까?

이번 장에서는 구성원의 마음을 움직일 수 있는 공감적 태도와 세대 간 공감에 대해 알아보고자 한다.

공감은 개인과 조직이 더 효과적으로
상호작용을 하는 데 필수적인 역량이다.
특히 도전적인 상황에 잘 대처하고
서로가 성장하는 데
반드시 갖춰야 하는 태도다.

Leadership
Changes
Organizations

1

조직 내 소통 방식에
변화가 필요한 때

미래학자 토머스 프레이(Thomas Frey)는 2030년에는 약 20억 명의 일자리가 사라진다고 예측했다. 미국의 경우 2020~2030년 사이에 현재 일자리의 약 50%가 사라지고 새로운 직업이 생겨날 거라고 한다.

직업만 교체되는 게 아니다. 세대도 교체된다. 현재는 직장인의 50%가 밀레니얼 세대이나 Z세대가 사회로 나오기 시작하면서 MZ세대 간의 갈등도 이슈가 되고 있다.

2024년 현재 한 직장에 네 세대(베이비부머 세대, X세대, 밀레니얼 세대, Z세대)가 공존하고 있다. 각 세대 간의 가치관과 시선은 어떻게 다를까?

한 직장에 네 세대가 공존한다는 것

베이비부머 세대

경제 호황기에 큰 성장을 경험했고 전통적인 가치관을 지니고 있으며 조직과 계급 체계를 존중하고 신뢰한다. 디지털 기술과 기기 사용에는 미숙하며 재임 기간과 권위, 경험을 성공의 척도로 본다.

X세대

급변하는 경제 상황 속에서 성장했고 자립심이 강하며 워라밸(Work-Life Balance)을 매우 중요하게 생각한다. 빠르게 변하는 기술의 발전을 경험했기 때문에 적응력이 빠르다.

계급 제도의 부정적인 면과 사일로 현상(다른 부서와 담을 쌓고 자기 부서의 이익만 추구하는 현상)을 목격했으므로 그런 특성을 지양한다.

밀레니얼 세대

디지털 기술과 함께 성장했으며 사회적 가치와 개인의 성취를 중요시하며 유연한 근무 환경을 선호한다. 나이 때문에 정보나 혜택에 제한을 받는 데 반감을 갖고 있다. 온라인으로 업무를 처리하는 데 익숙해 워라인(Work-Life Integration, 일과 삶이 경계 없이 자유롭게 넘나드는 생활)을 추구한다.

Z세대

인종, 성별, 성 정체성 등 다양성을 중시하며 포용적인 사회를 희망한다. 다양한 배경을 가진 사람들과의 교류를 중요시하며 차별에 대해 매우 민감한 편이다.

태어나면서부터 디지털 기술을 접했기 때문에 기술

과 기기 사용이 매우 익숙해 빠르게 정보를 습득하고, 소셜 미디어를 통해 의사소통하는 것을 선호한다.

환경 문제에도 관심이 많아서 기후 위기와 관련된 활동에 매우 적극적으로 참여한다.

이렇게 서로 다른 세대가 한 공간에서 일하며 성과를 내려면 각 세대별 차이점을 확실하게 이해하고 스스로 변화하며 수용해야 한다.

젊은 임원의 혁신과
선배 직원의 경험을 융합하라

최근 국내 100대 기업의 임원들이 70년대생(X세대)으로 바뀌었다. 이들은 철저한 성과주의를 지향하며 글로벌 위기를 기회로 바꿀 수 있는 탁월한 역량을 갖추고 있다. 이에 따라 기업은 빠르게 변화하면서 경쟁과 변화에 뒤처지는 구성원에 대해 가차없는 평가가 이루어지기도 한다.

결과적으로 이런 상황에서 살아남는 임원진의 나이가 젊어지다 보니, 조직 내에서 세대 간의 갈등도 일어나고 있다. 경험이 풍부한 선배 직원과 신임 임원 간의 가치관과 업무 수행 방식, 의사소통 스타일에 차이가 날 수밖에 없기 때문이다.

구체적으로 어떤 문제들이 발생하고 있을까?

첫째, 업무 방식

젊은 임원은 업무 프로세스를 디지털화하자고 제안하지만, 선배 직원들은 기존의 방식을 고수하면서 변화에 저항한다. 기존 업무 방식에 대한 애착과 새로운 변화에 대한 두려움이 크기 때문이다.

둘째, 소통 방식

젊은 임원은 비공식적인 메신저나 플랫폼으로 하는 소통을 선호한다. 반면에 선배 직원들은 공식적인 이메일 소통을 선호하며 비공식적인 소통 방식에 불편함을 느낀다.

나 역시 MZ세대들과 일할 때 부담되는 경우가 많다. 특히 다양한 플랫폼을 이용하여 회의 안건과 자료들을 공유하는 상황이 낯설고, 직원들은 쉽게 찾아내는 자료를 몇 단계 거쳐서 찾으며 혼자 힘들어할 때도 있다.

이런 서로의 불편함을 극복하려면 어떻게 해야 할까?

첫째, 전 직원 대상 교육 및 훈련 프로그램을 마련한다

최신 기술의 필요성을 이해하고 사용 방법을 배우는 계기를 제공한다. 이러한 교육은 기술적 적응력을 높이고, 변화에 대한 두려움을 줄여주며 새로운 기술 도입에 대한 저항을 감소시켜 업무의 효율성을 높여준다.

둘째, 채널을 모두 활용하되 채널별 용도를 명확히 한다

예를 들어 공식적인 커뮤니케이션은 이메일을 통해, 일상적인 업무 협의는 메신저를 통해 진행하는 방식이다. 그렇게 하면 세대별 선호하는 소통 방식을 존중하면서도 조직 내 소통의 효율성을 높일 수 있다.

셋째, 멘토링 프로그램을 도입한다

경험 많은 직원과 젊은 임원 간의 지식과 경험을 서로 공유한다. 이 방법은 상호 존중하는 문화를 조성하고, 서로의 강점을 이해하는 데 도움이 된다.

임원진의 나이가 젊어지는 추세는 조직 내에서 세대 간의 갈등을 유발하기도 하지만, 위와 같은 방법으로 적극적인 노력을 하면 조직의 혁신과 성장을 촉진할 수 있다. 상호 이해와 존중을 바탕으로 소통과 협력을 강화하면 세대 간의 차이를 조직의 장점으로 바꿀 수 있다.

피드백에도 TPO가 필요하다

세대 간 사고방식은 얼마나 다를까?

예를 들어 밀레니얼 세대가 격의 없이 다가가면 그 위 세대는 자신을 존중하지 않는다고 느껴 불편해할 수도 있다. 또한 일찍 출근하고 늦게 퇴근하는 것이 열심히 일하는 징표라고 여기는 경향이 있다. 그들은 돈과 시간을 쓰는 게 회사에 헌신하는 방법이라고 생각하기 때문이다. 하지만 밀레니얼 세대는 왜 업무 외 시간에 일해야 하는지 이해하지 못한다.

가장 큰 세대 갈등은 '술자리' 문제다. 관리자 세대는 직접 얼굴을 보며 이야기하는 것이 중요하다고 생각해 '술자리'를 마련한다. 그들에게 술자리는 곧 코칭이나 멘토링의 자리이기 때문이다.

술자리는 베이비부머 세대에게는 편안한 자리일지 모르지만, 밀레니얼 세대에게는 업무의 연장선이며 그들은 술자리가 아닌 '일터'에서 피드백을 받고 싶어 한다.

밀레니얼 세대는 술이 들어가야 말이 잘 나온다는 생각에도 반대한다. 관리자가 술자리에서 거의 혼자만 이야기하거나 상대방의 이야기를 제대로 경청하지 않을 때가 많기 때문이다.

관리자 세대는 이런 시간을 통해 마음이 전달될 거라고 생각하지만, 밀레니얼 세대는 이런 상사의 이야기가 진심인지 거짓인지 판단하기 어렵다고 느낄 때가 많다.

술자리의 사례처럼 밀레니얼 세대와 소통하려면 기존의 방식으로는 곤란하다. 밀레니얼 세대가 어떻게 성장했고, 문화 소비 방식은 어떠하고, 조직을 어떻게 바라보는지, 조직에 무엇을 기대하는지 같은 그들에 대한 최소한의 이해가 먼저 이루어져야 한다.

지시가 아닌
존중과 조율을 원한다

그렇다면 밀레니얼 세대는 조직에 어떤 기대를 하고 있을까?

첫째, 개인의 의견이 존중받길 원한다

민주주의 사회에서 자라왔기 때문에 모든 사람의 의견이 존중받아야 하고, 타인의 의견을 경청해야 한다고 생각한다.

둘째, 개인의 개성이 존중받길 희망한다

개인의 정체성을 나타내는 상징(타투, 의상, 개인 사진으로 꾸민 자리 등)이 회사의 이미지와 맞지 않는다는 지적은 자신의 정체성을 위협한다고 생각한다.

셋째, 나이와 상관없이 합리적인 대우를 받길 기대한다

나이나 직급 때문에 정보에 접근할 수 없다거나 혜택을 받지 못한다고 생각하면 크게 반감을 갖는다.

넷째, 협력할 때는 더 개방적인 자세를 요구한다

협업이 더 좋은 결과를 만든다는 것을 잘 알고 있기 때문에 다른 세대보다 협업을 잘하며, 자신의 노하우를 공유하는 것을 불편해하지 않는다. 그래서 윗세대에게도 협력할 때 더 개방적이고 적극적인 자세를 기대한다.

다섯째, 즉각적인 피드백을 기대한다

칭찬이나 기타 피드백에 야박한 상사와 조직은 빠르고 정확하게 일하는 데 익숙한 밀레니얼 세대에게 혼란과 불만을 준다. 특히 밀레니얼 세대는 빠르고, 친절하고, 필요할 때마다 바로바로 피드백을 해주길 기대한다. 업무와 정보에 24시간 접근하며 빠른 속도를 지향한다.

여섯째, 코칭과 멘토링에 열려 있다

자신과 조직이 효과적으로 성장하는 방법에 관심이 많고, 상당히 적극적으로 참여한다.

일곱째, 디지털 기기로 문제를 효과적으로 해결한다

디지털 원주민이기 때문에 디지털 기기를 활용해 해답을 찾으려는 디지털 마인드에 익숙하다.

밀레니얼 세대가 조직에 기대하는 바를 이해하면
단순 지시가 아닌
의견 조율을 할 수 있다.

여러분이 세계의 문제들을 해결하든

회사를 지휘하든 상관없이

미래를 통제하는 행위는

오늘, 즉 현재 시작된다.

_ 토머스 프레이(Thomas Frey)

2

세대 간 소통은
미래와의 대화다

　현재 직장 구성원의 절반을 차지하고 있는 밀레니얼 세대와의 소통은 많은 기업 관계자에게 큰 숙제다. 기성세대와 자라온 환경과 성향이 전혀 다른 밀레니얼 세대와 어떻게 조직에서 공감하며 함께 성장할 수 있을까?

　많은 심리학자가 직원들로 하여금 높은 성과를 내고 유지하도록 하는 비결로 '피드백'을 꼽는다. 즉 피드백을 잘하면 밀레니얼 세대와 충분히 시너지 효과를 내며 잘 지낼 수 있다.

　피드백은 자신이 현재 어떻게 일하고 있는지를 알려

주는 집합적인 신호다. 그러므로 밀레니얼 세대에게 피드백을 효과적으로 하기 위한 경청, 목소리, 표정 등의 노하우를 알아두면 좋다.

솔직한 대화와
빠른 피드백의 힘

부품 조립 회사인 A사는 관리자의 평균 나이가 45세이고, 현장에서 일하는 직원들의 평균 나이는 28세다. 40~50대 관리자들은 근 몇 년간 리더십을 발휘하기 힘들어 스트레스를 받아왔다.

자신들은 소위 시키면 시키는 대로 했는데, 젊은 친구들은 시키는 대로 하기는커녕 할 말을 면전에서 하니까 당황스러워 어떻게 해야 할지 모르겠다는 것이다.

그런데 관리자와 마찬가지로 젊은 직원들도 소통 문제로 스트레스를 받고 있었다. 젊은 직원들은 제대로 동기부여가 안 되기에 일의 몰입도가 떨어지고, 성과도 잘 내지 못한다고 생각했다.

A사의 50대 관리자들은 자신들의 경험과 눈높이로 젊은 직원들에게 피드백을 해왔다. 그러나 계속 이렇게 하면 서로 스트레스를 받을 수밖에 없다.

밀레니얼 세대에 가장 적합한 피드백은 솔직함이다. 그들은 자신들의 문제에 대해서 정확히 이야기해 주면 개선하고자 하는 의지가 강하다. 특히 **문제에 대해 즉시 이야기하는 게 효과적이다.** 앞서 살펴보았듯이 밀레니얼 세대는 모든 것을 실시간으로 알 수 있는 환경 속에서 살아왔다. 솔직한 대화가 적시에 이뤄지면 누구보다 빨리 대응하고 문제를 해결할 수 있다.

다만 이때 **그들이 한 일에 대해서만이 아니라 관리자가 한 일에 대해서도 완전히 솔직해져야 한다.** 긍정적인 면이든 부정적인 면이든 구체적으로 잘잘못을 따져서 피드백을 즉시 해주면, 이들은 자기가 하는 일이 제대로 진행되고 있는지 알 수 있다. 관리자가 먼저 마음의 문을 열고 솔직하게 피드백할 때 그들과 즐겁게 일할 수 있다.

세대를 뛰어넘는
4가지 코칭의 기술

밀레니얼 세대에게 효과적으로 코칭하려면 어떻게 해야 할까? 독립적이고 개성이 강한 밀레니얼에게는 'S.E.L.F. 코칭'을 하자.

첫째, 상시 코칭하라(Spot Coaching)

밀레니얼 세대는 멘토의 조언을 갈망하는 경향이 있다. 수시로 어느 때든지 코칭할 수 있다. 코칭은 술자리에서 한다는 낡은 방식을 버리고, 미팅룸이나 회의실에서 업무 시간 내에 자연스럽게 코칭하면 좋다. 자연스럽게 자주 코칭한다면 자신을 챙기는 최고의 상사로 인정받을 수 있다.

둘째, 적극적으로 표현하라(Express)

밀레니얼 세대는 표현하는 데 매우 익숙하다. 그리고 개인의 의견을 존중하는 회사에서 일하길 희망한다. 그들은 공감받지 못했을 때 가장 힘들어한다. 어색하더라도 적극적으로 내가 그들과 공감하고 있음을 표현해야 한다.

특히 업무를 지시하거나 소통할 때 직접 말하기보다는 메신저나 SNS를 활용하면 더 효과적이며, 이때 이모티콘을 적극적으로 활용하는 것도 좋다. 상대 마음의 문을 여는 것도 리더의 역량이다.

셋째, 경청하는 태도를 보여라(Listen)

물질적 안정 속에서 큰 관심과 칭찬, 풍부한 교육을 받고 자란 밀레니얼 세대는 성공과 신분 상승의 기회가 주어진다면 권위와 계급을 불편하게 느끼지 않는다. 이들이 원하는 건 수평적 소통이다.

이를 위한 가장 좋은 방법이 바로 '경청'이다. 경청하는 태도는 '당신의 의견은 소중하며, 나는 당신을 존중하므로 언제든지 들을 준비가 되어 있다'는 진정성을 보여준다.

밀레니얼 세대뿐만 아니라 다가오는 Z세대, 알파 세

대와 공존하기 위해서는 다양한 상황을 받아들이고 적응할 수 있는 '유연성'이 필요하다.

유연성을 키우려면 세 가지 강박에서 벗어나야 한다. '내가 답을 주어야 한다'는 강박과 '내 생각이 진리'라는 강박 그리고 '가르쳐줘야 한다'는 강박이 그것이다.

밀레니얼 세대를 코칭할 때 가장 방해가 되는 것이 위의 세 가지 강박이다. 이들이 더 좋은 답을 찾을 수 있다고 생각하고, 더 훌륭한 아이디어를 낼 수 있다고 믿으며, 나도 배울 수 있다고 생각해야 한다. 즉 관리자가 가르치듯 코칭해야 한다는 강박에서 벗어나야 한다.

넷째, 빠르게 피드백하라(Fast Feedback)

풍족한 정보와 권리를 누리며 성장한 밀레니얼 세대에게는 정보의 접근성을 제한하고 업무를 늦추는 조직 체계는 혼란과 답답함을 준다. 밀레니얼 세대는 소통이 고프다.

밀레니얼 세대는 성공을 향해 전력 질주하는 데 익숙하다. 그래서 인정과 긍정적 피드백에 박한 상사와 조직은 이들에게 혼란과 불만을 일으킨다. 이들은 빠르고, 빈번하고, 친절한 피드백을 기대한다.

이들에게는 즉각적으로 피드백하는 것이 가장 효과적이다. 기다렸다가 마음을 표현하지 말고, 느꼈을 때 바로 소통하고 표현하는 것이 핵심이다. 오래 기다리면 왜 그때 이야기하지 않았는지 뒤끝이 있는 사람으로 오해받을 수 있다.

긍정적인 부분은 바로 표현하는 편이 훨씬 효과적이지만, 실수한 행동에 대해서는 일대일로 이야기하는 편이 좋다.

조직은
계속 젊어질 것이다

지금까지도 조직에서는 밀레니얼 세대를 이해하고 소통하는 데 많은 노력을 기울이고 있다. 그런데 이제 곧 Z세대가 온다. 이들은 어떤 특성을 갖고 있을까?

첫째, 자기 돌봄

Z세대 또한 밀레니얼 세대와 마찬가지로 그전의 어떤 세대보다도 자신의 몸과 마음을 건강히 유지하고, 자기 자신을 돌보는 데에 관심이 많다. 이들은 유명한 운동선수나 자신의 롤 모델이 우울증과 공황장애 같은 정신 건강상의 문제를 겪는 것을 보며 자랐기 때문이다.

그래서 기성세대에 비해 정신 건강의 중요성에 대해 분명하게 인식하고 있으며 자신이 문제가 있다고 생각하면 병원이나 상담 센터를 찾아서 해결하려고 노력한다. 또한 신체 건강도 잘 챙기는 편이다. 최근 일대일 맞춤형 피트니스 센터의 급증이 이를 보여준다.

둘째, 워라밸

Z세대는 일과 삶을 명확히 구분 짓고 싶어 한다. 기성세대들은 회사에서의 '나'를 삶에서 굳이 따로 구분하지 않았다. 하지만 최근의 젊은 세대는 '나'를 다양한 역할 모델로 나누고, 회사 안에서의 '나'와 회사 밖에서의 '나'를 분명하게 구분한다. 회사 안의 '나'가 갖는 역할

과 책임, 사명감 등이 회사 밖에서 요구되는 것을 용납하지 않는다.

그러면서 이들은 회사 밖에서의 '나'에 대해 더 깊이 이해하고, 잘 운용하는 데 관심이 크다. 다양한 취미 활동에 관심을 갖고, 소셜 미디어를 통해 네트워크를 형성하여 그 관심에 깊이를 더한다. 이에 따라 '탈잉' '숨고' 등 간편히 전문가를 연결하여 맞춤형으로 자신의 취미를 개발할 수 있는 사이트들도 점차 확대되고 있다.

이미 조직 내에는 여러 세대가 공존하고 있다. 여기에 Z세대까지 편입함으로써 같은 조직 안에서 모두가 잘 적응하고 미래를 잘 준비하기 위해서는 서로를 이해하고 그들과 공존하려는 노력을 해야 한다.

미래 시장을 주도할 이들을
이해하려는 노력은 매우 중요하다.

뛰어난 리더는

올바른 커뮤니케이션을 구사해

상대의 능력을 극대화하며 활용하는 사람이다.

3
최고의 리더는
어떻게 자발성을 끌어올리는가

조직은 다양한 방법으로 일하는 사람들의 집합체다. 조용히 앉아서 생각을 먼저 하는 사람, 일단 생각한 것을 행동으로 옮기는 사람, 누군가가 지시를 하면 '왜?' 하고 부정적인 생각을 먼저 하는 사람, 생각은 있으나 말을 제대로 못하는 사람, 생각도 말도 못하고 그저 눈치만 보는 사람 등 다양하게 구성되어 있다.

즉 리더는 다양한 직원의 성향과 상황에 맞게 대화를 이끌어야 한다. 진심으로 직원을 존중하며 내면의 가치를 발견하도록 대화해 보자.

일 잘하는 팀장으로
성장시키는 5가지 팁

미시간대학교에서 비즈니스 커뮤니케이션을 가르치는 프리스 로저스(Priscilla Rogers) 교수는 **5~10년차 중간 관리자들을 '기업의 중추'라고 강조한다. 그들의 역할은 인간의 핵심 장기와도 같은데, 실제 내부에서는 그 가치를 인정받지 못하는 것이 큰 문제**라고 지적하고 있다.

IT 업체의 김 대표는 요즘 중간 관리자 육성이 최대 고민이다. 회사 초기에는 직원들과 직접 대화하면서 문제를 해결했다. 회사 규모가 커진 이제는 그럴 수가 없다. 대신에 중간 관리자가 소통을 잘해야 하는데, 현재 그들의 상황을 보니 답답했다. 아래로 부하 직원과의 소통도 원만하지 않고, 위로 상사와도 소통이 잘되고 있지 않았다.

김 대표와 임원은 50대 이후 세대이고, 그 아래는 밀레니얼 세대인데, 그 사이에 끼인 중간 관리자들이 대부분 이런 어려움에 처한 것을 발견했다.

경력자로 입사한 박 차장도 그런 경우였다. 그는 입사할 때 이제 자기가 하고 싶은 일을 할 수 있게 되었다고 기뻐하며 누구보다 열심히 일했다. 직원들도 박 차장이 오고 난 뒤 업무 처리가 빨라졌다며 좋아했다. 그런데 두 달이 지나면서 부정적인 말이 나오기 시작했다. 일을 잘하는 것은 맞는데, 혼자서만 열심히 하지 위나 아래와는 소통을 잘 못한다는 것이다.

이유가 무엇일까? 박 차장은 차장이 해야 할 역할에 대해 잘 모르고 있었다. 자신이 잘하는 실무에만 몰두하고, 함께 일하는 상사나 부하 직원과의 관계를 원활하게 하는 데는 무심했다.

우리 몸의 중심인 몸통이 망가지면 건강이 상하듯이 조직에서도 중심이 되는 중간 관리자들이 역할을 제대로 하지 못하면 조직은 힘들어진다. 어떻게 중간 관리자들을 키울 수 있을까?

중간 관리자에게 일을 맡길 때는 다음의 5가지 지침을 기억하라.

- 일의 의미와 전체 구조를 설명해 준다.
- 목표와 일하는 방식에 대해 의견을 조율한다.
- 마무리 시일과 중간 피드백 기간을 정한다.
- 눈높이를 중간 관리자에게 맞춰서 대화한다.
- 일을 잘게 나눠서 진행하도록 이끈다.

이 원칙을 지켜 소통하면 중간 관리자들이 자신감을 갖고 일할 수 있게 되면서 회사의 중심이 자연스럽게 잘 세워질 것이다.

신뢰하는 직원의
평판이 나빠졌을 때

경영자의 공통된 소망은 무엇일까? 바로 신뢰할 만한 직원과 원하는 성과를 만들어내는 것이다. 최근에 만난 김 대표와 박 상무의 사례는 그런 의미에서 매우 감동적이었다.

박 상무는 15년을 한 직장에서 일하며 회사에 대한 충성심이 높았다. 마침 올해 회사의 매출이 떨어지자 어떻게 해서든 목표를 달성해 보려고 자기 나름대로 최선을 다하면서 예민해져 있었다.

최근 입사한 젊은 직원들의 태도도 영 마음에 들지 않았다. 그 나이 때 자신이 직장 생활을 하던 마음가짐과 너무 달랐던 것이다. 그래서 마음에 안 드는 부분이 생기면 즉시 막말과 쓴소리를 해댔다. 그랬더니 젊은 직원들이 이직하기 시작했다.

젊은 직원들은 박 상무에게 불만이 많았다. 박 상무가 싫은 소리는 잘하면서 자기관리는 전혀 하지 않는 사람으로 비쳤기 때문이다. 게다가 정말 개선을 위한 말이라기보다는 상대방을 공격하는 비난조의 언어가 많았다.

김 대표는 다른 사람에게 이 같은 이야기를 몇 번 전해 들었으나 직접 그 현장을 본 적은 없었다. 그래서 박 상무에게 어떻게 말해야 할까 고민이 되었다. 며칠 후 그가 잘 받아들이면서 회사도 건강하게 성장시킬 수 있도록 이야기하기로 했다.

"박 상무가 지금 회사 매출 때문에 스트레스를 받고 있고, 어떻게 해서든 잘해보려고 노력하는 것도 알고 있어요. 아쉽게도 그 노력은 혼자서는 안 된다는 사실도 잘 알고 있지요?

젊은 친구들의 행동이 박 상무가 보기에는 다 마음에 안 들 수 있어요. 그래도 그들 나름대로는 생각이 있을 겁니다. 인정해 주지 않으면 그들은 절대로 자기 실력을 발휘할 수 없어요.

박 상무가 우리 회사에 이렇게 최선을 다하는 이유는 어디에서 비롯되었습니까? 서로 믿음이 있기에 가능했던 겁니다. 제가 박 상무를 믿고 있다는 것 알고 있지요? 믿음은 어떤 형태로든 전달됩니다.

만일 젊은 세대와 소통하는 방법이 서툴러서 그렇다면 배울 기회를 만들어드리겠습니다. 나에겐 모두 소중한 인재들입니다."

박 상무는 자신의 다혈질적인 모습에 대처하는 김 대표의 말과 태도에 감동했다. 강하게 자신의 주장을 밀어

붙이던 그는 김 대표가 꺼낸 믿음 이야기에 깊게 공감했다. 그 뒤 그는 젊은 직원들의 말에 귀를 기울이기 시작했다.

평소에 박 상무는 이런 말을 달고 살았다.

"조직에서 일하는 사람은 10% 정도면 된다. 난 제대로 일하는 사람이 필요하니까 어설프게 일할 거면 회사 망치지 말고 당장 사라지는 게 나을 거야."

이제는 이렇게 바꾸어 말했다.

"지금의 상황에 대해 여러분의 이야기를 듣고 싶네요. 편하게 있는 사실 그대로 말하면 됩니다. 20분 정도 집중해서 이야기를 나눠봅시다."

이런 식으로 그가 먼저 직원들이 편안하게 대화하는 환경을 조성했다.

조직 내에서 서로가 서로를 존중하는 일은 매우 중요하다. 비즈니스 현장은 온 직원이 한마음으로 헤쳐나가야 겨우 살아남을 수 있다. 이때 리더가 먼저 존중하는 마음을 표하고 선순환을 만들어보자.

예민함은
섬세함의 다른 표현이다

어느 리더를 만나보아도 공통적으로 '젊은 직원들과 함께 일하기 어렵다'는 고민을 털어놓는다. 무엇보다 요즘 젊은 직원들은 사소한 일에도 예민하게 반응해 소통이 힘들다고 한다.

과거에 비해 예민한 사람이 많아진 것 같다. 시대 흐름상 사회는 더욱 복잡해지고, 어렸을 때부터 끝없이 경쟁해야 하는 환경 속에서 성장했기 때문일 것이다.

이때 대부분 리더들이 크게 의식하지 않고 "그 친구 너무 예민해. 예민해서 벌어진 일이야"라는 표현을 쉽게 한다. 그런데 막상 자신에게 누군가가 "당신은 참 예민한 사람이군요"라고 말한다면 별로 기분이 좋지 않을 것이다.

예민하다는 표현에 대해 생각보다 많은 사람이 부정적인 느낌을 받는다. 감정에 흔들리지 않고 어떤 상황이든 강하게 헤쳐 나가는 사람들이 성과를 잘 내고 사회에서 인정받는다고 생각하기 때문이다.

그렇다면 예민한 직원들을 어떻게 대하면 좋을까?

마이클 플루스(Michel Pluess) 교수 팀의 연구에 의하면 모든 사람은 예민하고 단지 예민함의 정도에 차이가 있을 뿐이며, 전체 인구의 30%가 매우 예민한 사람들이라고 한다. 젠 그랜만(Jenn Granneman)과 안드레 솔로(Andre Sole)는 그들의 공저《예민함의 힘》에서 매우 예민한 사람들과 예민함의 가치를 이렇게 말한다.

"예민한 사람들은 상대방의 기분을 잘 읽고, 공감을 잘 하기 때문에 조직에 크게 도움을 줄 수 있다. 조심스럽게 다뤄야 하는 일을 잘 처리하며 다른 사람이 놓치는 부분도 디테일하게 잡아낸다."

예민함은 매우 가치 있는 능력이다. 예민함은 누구나 어느 부분에서든 조금이라도 갖고 있기 마련이므로 수용하는 태도가 필요하다.

예민한 직원이 편안함을 느끼며 자신의 강점을 발휘할 수 있도록 도움을 주자. 리더는 누구라도 즐거운 마음으로 일하는 분위기를 만들어 시너지 효과를 내도록 도와주어야 한다.

한때 사무실에 칸막이를 없애고 자유롭게 자리를 선택해서 근무하게 하는 시도가 붐처럼 일어났다. 그러나 그에 대한 부작용이 많이 생기자 다시 지정 좌석과 칸막이를 설치하게 되었다. 지정 좌석이나 칸막이 등은 서로의 예민함에 대한 최소한의 방어막이었다.

예민한 사람들은 존중받고 있다고 느끼면 확실히 업무의 효율성이 높아진다. 그리고 예민한 직원일수록 자신의 생각을 쉽게 드러내지 않는다. 그들과 대화할 때는 편안하고 안정적인 분위기를 조성하고, 그들이 이야기를 꺼내기까지는 시간이 걸린다는 사실을 이해하고 여유를 갖고 대화하면 좋다.

마음을 다해 믿음을 보여주면
조직원의 마음을 움직일 수 있다.

4

감정은 사람을
행동하게 만든다

CEO들이 모인 한 워크숍에서 건강한 조직과 인재 관리 방법에 대해 논의했다.

50대인 박 사장은 1년에 한 번 전 직원이 해외여행을 하기로 정했다. 직원들이 가고 싶은 곳과 비용을 조사해서 제시하고 함께 계획하다 보니, 생활 정보까지 공유하는 등 대화를 많이 나눌 수 있었다. 이 덕분에 자연스럽게 사내에 소통하는 문화가 만들어졌다.

물론 사내 분위기 조성에 이렇게 노력할 만큼의 가치가 없다고 생각하는 사람도 있다.

40대 초반의 김 사장은 나름의 인재 관리법을 이렇게 이야기했다.

"저는 직원들에게 부담 주지 않으려고 아예 3일만 출근합니다. 서로 해야 할 일만 명확히 정하고, 근무 시간도 자유롭게 알아서 하게 합니다. 그렇게 해도 목표 달성에 아무런 지장이 없어요. 요즘 젊은 직원들은 매이는 것을 싫어해서 이런 방식을 선택했고, 10개월 지났는데 현재까지 만족합니다."

사내 분위기 조성과 인재 관리에도 변하지 않는 본질이 있다. 그것은 건강한 나무가 주변 환경과 상생하며 자라듯이, 건강한 조직은 서로의 상황에 관심을 갖고 공감하며 함께 성장한다는 사실이다.

건강한 조직의
2가지 조건

건강한 조직은 인재 관리와 더불어 일에 몰입할 수 있

는 업무 환경을 조성할 때 이뤄진다.

건강한 조직 = 인재 관리 + 업무 환경

업종과 종사자들의 특징에 따라 인재 관리와 환경 조성 방식은 다양하다. 다만 건강한 조직을 만드는 가장 보편적인 방법이 있다. 바로 공감하며 대화하기다.

공감하는 대화는 어떤 방식으로 이루어지는가?

- 중요한 일을 담당하는 직원의 감정 상태를 파악하고, 그 원인을 알아본다.
- 만일 자신의 생각과 다르게 반응한다면 혹시라도 자신에게 편견이 있는 게 아닌지 먼저 점검하고, 있다면 버린다.
- 직원에게 원하는 것이 무엇인지 정확하게 전달할 내용을 준비한다.
- 상대방 입장에서 어디서 대화를 나누면 좋은지 장소를 정한다.

- 대화할 때는 직원이 편하게 말할 수 있도록 충분히 기다려주고 다 들은 후 피드백한다.
- 피드백은 확실하게 상대방의 말을 이해했는지 알려주는 기회가 되고, 도움을 주는 계기가 된다.

사소한 습관 때문에
소중한 것을 잃지 마라

———

제조업체를 운영하는 한 사장은 오랫동안 버티는 심정으로 살아왔다. 특히 근 몇 년은 뇌리에 온통 자금 조달과 영업에 관련된 생각뿐이었다. 그러던 어느 날 작은 문제를 놓고 직원들에게 버럭 화내는 자신을 보게 되었다. 그런 자신이 너무 싫어서 한동안 직원들과 마주치는 상황을 피해다녔다.

처음에는 사장이 직원들을 피해 다니는 자체가 속상하고 민망했는데, 시간이 지나자 오히려 편했다. 어느덧 직원들과 마주치지 않으려는 행동이 한 사장의 습관이 되었다.

　미국의 심리학자 윌리엄 제임스는 **"우리 삶이 일정한 형태를 띠는 한 우리 삶은 습관 덩어리일 뿐이다"**라고 말했다. 습관은 개인의 삶이나 조직 활동에서 연쇄 반응을 일으키기 때문에 건강과 생산성, 경제적 안정과 행복에 엄청난 영향을 미친다.

　리더의 습관도 조직에 미치는 영향력과 그로 인해 파생되는 피해가 상상한 것보다 너무 클 때가 있다. 그래서 리더의 습관은 사소하게 보여도 절대 사소하지 않다.

　직원들을 피하는 한 사장의 습관은 함께 일하는 이들에게 큰 불편을 주었다. 직원 입장에서는 사장에게 결재를 받아야 하거나 문제가 생겨서 빨리 대화를 나누고 싶은데, 정작 사장은 눈도 마주치지 않고 고개를 숙인 채 자기 방으로 들어가 버리기 일쑤다. 소통할 분위기가 형성되지 않으니 직원들은 일을 제대로 진행시키지 못하고 전전긍긍한 채 시간만 흘려보낸다. 이것을 비용으로 따지면 기업으로서는 매우 큰 손해다.

리더라면 비록 힘든 일이 있어도 습관적으로 출근할 때에는 밝은 모습을 보이고, 마주치는 직원들과 인사를 나누면서 몇 마디 건네면 좋다. 이런 습관을 들이면 자연스럽게 직원들과 소통하며 효율적으로 일하는 사내 분위기를 만들 수 있다.

리더의 좋은 습관은 직원들의 신뢰를 얻는다. 부정적인 습관으로 인해 소중한 것을 잃지 마라.

자신의 부족함을 깨달으면
부족함을 보듬을 수 있다

D사는 최근 회사 설립 50주년을 앞두고 코스닥에 상장했다. D사의 회장은 80세로 여성 리더의 롤 모델이다. 그는 3명의 자녀를 키우며 평범한 엄마로 살다가 100명이 넘는 회사의 경영인이 되었다. 그가 얼마나 크고 어려운 일들을 감당해 왔을지 상상하기 어렵지 않다.

나와도 25년 넘게 알아온 사이인데, 단 한 번도 그가 좌절하는 모습을 본 적이 없다. 언제나 웃으며 여러 분야를 공부하고 어려운 경영인들을 소리 없이 도와주는, 진정 본이 되는 경영인이다.

한번은 어느 젊은 경영인이 그에게 경영 비법을 알려달라고 요청한 적이 있다.

"중소기업은 경영인이나 직원이나 서로 완벽을 기대해서는 안 됩니다. 제가 처음 맡았을 때부터 생각한 것은 '나 역시 부족한 사람이니 직원들의 부족함도 진실된 마음으로 보듬자'였어요.

그들의 아픔에 같이 공감하고 내 아픔도 솔직히 터놓으면서 정말 마음을 많이 나눴습니다. 당시에 그것이 어떤 원리인지도 모르고 그저 내가 할 수 있는 일을 했는데 나중에 보니 학자들이 '감성 경영'이라는 표현을 하더군요."

스토리텔링 리더십을 연구해 온 스티븐 데닝(Stephen Denning)에 따르면 현재 리더십은 '명령과 통제'에서 '교감과 참여'로 변모하고 있다. 오늘날처럼 사람들의 손끝에서 정보가 넘치는 시대에 리더는 단지 정보를 제공하는 사람이 아니다. 주위 사람들과 교감하고 교류하며 변화를 이끌고 가치 있는 일을 만들어내는 사람이다.

리더가 범하기 쉬운 오류가 있다. 영향력이 있는 지위에 있는 만큼 사람들이 자신의 말을 잘 듣고 기대에 부응하는 행동을 취할 것으로 믿는 것이다. 그러나 다른 사람을 리드하는 일은 생각보다 훨씬 복잡하고 힘들다.

어떤 리더는 비즈니스로 만난 관계니까 감정은 필요 없고, 서로 정해진 일을 하고 회사에서는 급여만 정확히 지불하면 된다고 말하기도 한다. 어떤 관점이 맞는지 섣불리 판단하기는 힘들다. 상황에 따라 언제든 달라질 수 있기 때문이다. 다만 리더의 태도가 회사 분위기에 큰 영향을 미친다는 사실은 분명하다.

동기부여 전문가인 지그 지글러(Zig Ziglar)는 "논리는 사람들을 생각하게 만들지만, 감정은 사람들을 행동하게 만든다"라고 했다. 조직에서 성과를 내기 위해서는

생각에 그치지 않고 행동으로 연결시켜야 한다. 이것이
진정한 마음의 교류, 감성 경영이 꼭 필요한 현실적인
이유다.

　　좋은 리더는 공감적 대화로

　　조직을 건강하게 이끈다.

논리는 사람들을 생각하게 만들지만,

감정은 사람들을 행동하게 만든다.

_ 지그 지글러(Zig Ziglar)

위기에서 기회를 만드는
리더십의 비밀

30명의 직원을 두고 IT 관련 사업을 하는 손 대표의 전화를 받았다. 통화 내용은 이랬다.

5년간 근무한 직원이 아버지의 사업을 도와야 해서 그만둔다고 했다. 일주일 후에는 다른 직원도 공부를 이유로 퇴사를 했다. 아쉬움이 컸지만 어쩔 수 없는 일이라고 받아들이고 웃으면서 마무리 지었다.

그런데 한 달 후 재계약을 앞두고 있던 일본 고객사가 갑자기 말을 번복했다. 알아보니 계약 담당자였던 퇴사한 두 직원이 새로 회사를 설립해 일본 고객사를 가로채

간 것이었다.

손 대표는 지금껏 많은 투자를 하면서 직원을 키우고 거래처를 관리해 왔다. 하지만 이런 일을 당하고 나니 왜 사업을 해야 하는지 근본적인 회의감이 들 정도로 허망하다고 했다.

회복탄력성을 높이는
3가지 사고법

아마도 중소기업 경영자라면 비슷한 경험을 했을 것이다. 나도 최근에 비슷한 경험을 했기에 손 대표에게 진심으로 공감하며 서로 보듬어주는 대화를 했다. 형식적인 대화가 아니라 진정한 교감을 나누었다.

그 통화를 마친 후 마음이 차분해지면서 그와 나는 함께 회복되는 기분을 느꼈다. 불과 30분의 통화로 어떻게 손 대표와 내가 웃으면서 다시 일어설 수 있는 힘을 얻었을까?

실제로 인간의 마음은 믿을 수 없을 정도로 강하고 탄력적이다. 우리 의식에는 두뇌와는 별도로 식별력과 인격을 포함한 복잡한 신경계가 있다고 한다. 그래서 큰 아픔을 겪었어도 어느 순간 오뚝이처럼 일어나 힘차게 살아가는 것이다.

의학박사이자 심리학자인 조앤 보리센코(Joan Borysenco)는 회복탄력성을 갖는 법을 다음과 같이 정리했다.

첫째, 과거를 바꾸려 애쓰지 마라

회복탄력적 사고를 하고 피해의식을 버려라.

둘째, 적극적으로 인생에 뛰어들어라

규칙적으로 운동을 하고, 하루를 마무리할 때는 감사한 일을 한 가지씩 생각하라.

셋째, 반드시 친구와 소통하라

리더나 직원이나 모두 진정한 소통을 원한다. 서로를 향한 따뜻한 시선과 도움이 되는 정보를 나누며 비판이

아닌 생산적인 방향을 모색하라. 그리고 때로는 아프다
고 솔직히 말하고 의견을 구하라.

자존심을 버리면
더 나은 선택을 할 수 있다

───────

　인간이 가장 상처를 많이 받는 대상은 배우자나 자녀
또는 친구다. 가깝고 소중한 사람일수록 그 영향력은 더
커진다.

　최근에 부부 상담을 의뢰받고는 각각 만나서 대화를
나눠보았다. 남편은 "저희는 10년 동안 쪽지로 대화하
고 있습니다. 얼굴을 마주 보며 대화한 지 너무 오래됐
어요. 얼마 전 마트에서 함께 장 보는 부부를 보는데 부
럽더군요. 저희 부부에게도 그런 날이 올지 모르겠습니
다"라고 했다.

　반면 아내는 "남편은 주변에서 모두 착하다고 합니다.
그런데 그 착함이 가족과 외부 사람을 대할 때 달라요.

역경은 누가 진정한 친구인지 가르쳐준다.

Adversity does teach who your real friends are.

_ 로이스 맥매스터 부졸드 (Lois McMaster Bujold)

집에서는 분리수거 한번 도와준 적 없는 사람이 여러 사람이 모인 곳에서는 청소하고 뒤처리까지 완벽하게 다 합니다. 남들은 제 속도 모르면서 부럽다고 해요. 그런 말을 들으면 제 기분이 어떻겠어요?"라고 했다.

두 사람 모두 가슴 깊은 곳에서는 진정으로 행복한 가정을 이루고 싶어 했다. 하지만 자신이 먼저 표현하지 않고, 상대방이 다가오기만을 기다리며 자존심을 세우고 있었다. 자신은 다가가지 않고 상대방에게 받은 상처만 헤아리고 있었던 것이다.

사실 부부 사이를 비롯해 **모든 관계에서 자존심은 더 나은 선택을 하는 데 큰 장애물이 된다.** 발전된 관계를 원한다면 자존심을 버려야 한다.

비판적인 직원을 대하는
현명한 방법

D사는 주로 국내 고객사로 매출을 올리는 기업이었

다. 그런데 최근 2년 전부터 매출이 절반으로 줄어들었다. 그나마 똑똑하다고 여겼던 직원은 시장 분위기를 파악하고는 빠르게 이직했다. 회사는 정말 오랫동안 함께하며 의리를 지켜온 직원 몇 명과 불평만 늘어놓으면서 억지로 출근하는 직원으로 명맥이 유지되고 있었다.

이런 상황에서 어이없는 일이 일어났는데, 초창기부터 함께 일해온 장 부장이 주인공이다. 그는 언젠가부터 사사건건 대표와 반대 의견을 냈다. 직원들에게는 마치 자기가 희생하면서 그들을 돕는 것처럼 말하고, 회사에는 전혀 도움이 되지 않는 행동을 일삼고 있었다.

김 대표는 장 부장에게 사표를 받고 싶어도 직원들에게 워낙 인기가 좋아서 쉽지 않았다. 결국 모든 문제가 자신의 우유부단함에서 비롯되었다고 생각한 그는 코칭을 요청했다. 이에 직원들은 회사가 어려운 상황에 무슨 코칭이냐고 대놓고 반대하기도 했다. 그 선봉장은 장 부장이었다.

"장 부장은 회사가 어려울 때 열심히 일했던 터라 인

정상 쉽게 내칠 수도 없습니다. 직원들도 좋아하고요.
그렇다고 마냥 두고 보자니 모든 일에 걸림돌이 되고 있
어요."

김대표의 속은 타들어가는데 둘은 제대로 터놓고 대
화도 안 하고 있었다.

**대표가 어떤 생각을 하고 실천하느냐에 따라 회사는 생
명력을 얻을 수도 있고 잃을 수도 있다.** 김 대표는 코칭을
통해 자신이 먼저 대화의 물꼬를 트지 않으면 안 된다는
사실을 직시했다.

어렵지만 첫 상대는 장 부장이었다. 서로 형식적인 말
만 나누던 터라 진지하게 대화를 꺼내기가 쉽지 않았다.
하지만 생각보다 쉽게 장 부장이 먼저 속마음을 털어놓
았다.

"사실은 대표님이 저를 무시하는 것 같아서 더 반항
했습니다. 전에는 그래도 저와 상의도 하셨는데 점점 저
를 멀리하신다고 느꼈습니다. 저도 자존심이 있는데, 이
렇게 당하기는 싫다는 생각이 들었어요.

그래서 직원들과 함께 못난 모습을 보였습니다. 사실 저도 마음이 많이 불편했어요. 코치를 만났을 때 '현재 하고 있는 방법이 최선인가?' '그렇게 해서 얻은 것은 무엇인가?'라고 묻는데 대답할 말이 없었어요.

저는 대표님이 저를 무시한다는 생각만 하면서 어리석은 행동을 해왔습니다. 이런 상태로 회사를 그만둔다면 정말 평생 후회할 것 같습니다. 못난 저를 지금까지 참고 봐주셨으니 6개월만 더 봐주세요.

대표님께서도 변화를 위해 어려운 상황에서도 코칭을 도입하신 것이니 제게도 변화할 기회를 주세요. 이제 그동안 제가 해온 행동이 서로를 죽이는 일이었다는 사실을 정확히 인지했습니다. 다시는 그렇게 행동하지 않겠습니다."

실제로 6개월이 지난 뒤 김 대표와 장 부장은 완전히 달라졌다.

김 대표는 매달 자신이 생각한 것을 정리하여 명확하게 직원들에게 전달했고, 직원들과의 대화도 주기적으로 나누었다.

무엇보다 변화가 가시적으로 보이니까 김 대표의 목소리에 힘이 실리고, 직원들도 생동감이 넘쳤다. 직원들끼리 시간을 마련해 회사가 나아갈 방향도 함께 찾아보았다. 그 결과 해외로 시장을 개척하기로 했고, 홍보는 30대 초반의 직원들이 맡아 하기로 했다.

결과가 빠르게 나타나서 현재는 해외 바이어들이 회사를 방문하고 있다. 간신히 숨만 쉬던 회사가 생동감 넘치는 회사로 탈바꿈한 것이다.

이런 변화의 단초가 된 것은 두 사람이 자존심을 내려놓았기 때문이다. 자존심을 버릴 때 상처가 치유되고 기쁨이 찾아온다.

가르치지 말고
질문하라

성공한 분들에게 살면서 가장 어려운 문제가 무엇이

었느냐고 질문하면 일 이야기보다는 '자녀 문제'라고 답하는 경우가 많다.

"제가 이렇게 격한 행동을 할 줄 몰랐습니다. 아이가 스마트폰에 빠져 문제를 일으켜서 이야기를 좀 하려고 했는데 너무 화가 난 나머지 폰을 부숴버렸습니다."

한 유명 인사의 고백이다. 그는 다른 이들과는 원만하게 대화를 잘하는데, 유독 자녀와 대화가 안 된다고 했다. 그 이유는 무엇일까?

내가 사랑하는 자녀이기에 그만큼 기대가 크기 때문이다. 자녀에게 무조건 '지금 행동이 잘못되었으니 변화해야만 한다'는 설득은 효과적이지 않다. 그보다는 **상대방이 왜 그 행동을 해야 하는지 스스로 생각하도록 올바르게 질문하는 것이 좋다.** 즉 자녀와 대화할 때 상황 점검이나 무엇인가를 가르치겠다는 방식의 대화는 지양해야 한다.

마이클 판탤론(Michael Pantalon) 예일대학교 의학교수는 누군가를 변화시키고 싶을 때는 '왜 그래야 하는지'

를 설명하기보다 '변화를 원할 수 있는 이유를 묻는 것'이 효과적이라고 했다.

자녀와의 대화에서 자기 스스로가 현재의 상황에 대해 어떻게 생각하는지, 또 솔직히 변화를 원하는지, 변화를 위한 준비가 어느 정도 되어 있는지, 달라진 후에 따라올 긍정적 변화는 어떤 것이 있을지, 그 결과가 자신에게 얼마나 중요할지와 같은 올바른 질문을 활용해 보라.

스스로 깨닫도록 도우려면
올바른 질문이 필요하다.

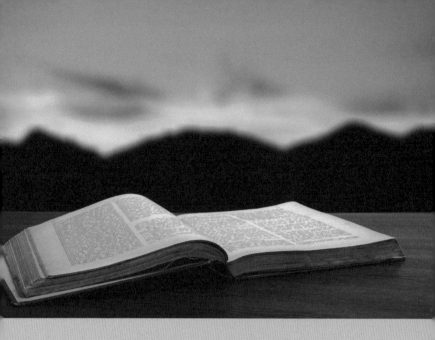

정답을 가르치지 말고 질문하게 하라.

_ 탈무드

성장하는 리더

변화가 클수록
성장의 폭도 커진다

명확히 설정된 목표가 없으면, 우리는 사소한 일상을 충실히 살다 결국 그 일상의 노예가 되고 만다.

In the absence of clearly-defined goals, we become strangely loyal to performing daily trivia until ultimately we become enslaved by it.

_로버트 하인라인(Robert Heinlein)

성장은 인간의 욕구 중에서 자아실현의 단계에 해당하는 매우 중요한 위치를 차지한다. 이는 개인의 잠재력을 실현하며 더 나은 삶을 살아가고자 하는 내적인 동기와 관련이 있다.

그런데 요즘 기업에서는 직원들이 리더의 자리에 가지 않으려고 해서 고민이다. 특히 임원의 역할을 맡지 않으려 해서 곤란한 상황이 왕왕 벌어진다.

예를 들어 부장이 된 후에는 "나는 가늘고 길게 갈 테니 너희 중에 임원이 나왔으면 좋겠다. 내가 도와줄게"라고 하거나 은행 지점장이 되어서 "나는 이 자리로 충분하니 다른 똑똑한 직원이 임원까지 성장할 수 있도록 지원할게요"라고 말하는 사람이 많다.

이 현상들을 어떻게 보아야 할까?

과연 자신은 그 자리에 머물러 있으면서 다른 사람의 성장을 지원하겠다는 말은 얼마나 실현 가능할까?

물론 이렇게 말하는 사람을 자기 인식이 명확하고 현실적이며 다른 사람의 능력을 높이 평가하는 겸손한 사람으로 느낄 수도 있다. 그러나 자신은 한 자리에 머물면서 다른 사람의 성장을 도울 수 있을까?

내가 위에 있으면서 아랫사람의 손을 잡고 끌어올려주는 것과 내가 아래에 있으면서 상대방을 위로 올려주려고 애쓰는 것 중 어느 쪽이 상대방을 제대로 도와줄 수 있을까?

성장하는 리더가 될 때 여유도 생기고 가진 것을 나눌수도 있다. 리더는 구성원들의 성장을 지원하는 역할을한다. 그런데 정작 자신이 성장하지 못하면 긴장하고 부담을 갖는다. 이런 태도는 쉽게 상대방에게 전달되어 불편함을 느끼게 만든다.

매일 꾸준히 작은 성장을 하는 사람이 스스로를 신뢰하며 인정할 수 있을 뿐 아니라, 다른 사람의 성장도 도울 수 있다. 리더가 성장하면 자연스럽게 구성원들에게 긍정적인 영향을 주며 그들 역시 성장하고자 하는 동기부여가 될 수 있다. 즉 성장은 리더가 끝까지 놓지 말아야 할 가치다.

그렇다면 어떻게 성장할 것인가?

외국계 기업에서 임원으로 고속 승진한 김 상무는 회사의 인정을 받는 것이 좋아 그의 표현대로 '미친 듯이' 일했다. 그런데 해외 출장을 수없이 다니다 보니 건강이 안 좋아져서 3개월 휴직을 했고, 그러는 동안 많은 생각을 했단다.

휴직 기간 동안 마음 편히 전화할 곳도 없었던 것이다. 오로지 업무로만 연결되어 있는 고객과 거래처의 번호들 외에는 개인적인 친분이 있는 지인들의 번호는 하나도 없었다. 저장되어 있는 연락처도 직위만 있을 뿐 이름조차 모르는 자신을 보면서, 그들도 자신을 '김 상무'라고만 기억할 것이라는 생각이 들었다.

냉정하게 자기 자신을 되돌아보니 고속 승진을 한 것도 시기적으로 운이 좋았음을 알았다. 10년간 한 부서에서 일하며 성과를 잘 냈지만, 자신이 진정으로 성장한 것은 아니라는 사실도 깨달았다.

피터 드러커(Peter Drucker)는 성과를 '장기간에 걸친 조직적이고 지속적으로 농축된 능력의 결과'라고 정의했다. 또한 성과를 올리는 일은 습관적인 능력의 집적에 의한 것이라고 했다.

김 상무의 경우 그동안 업무 중심의 사고로 일관하며 성과를 잘 만들어냈다. 그 보상으로 높은 직위에 올랐고 그만큼 연봉도 올라갔다.

하지만 인간은 다른 사람들에게 자신의 가치를 진정으로 인정받을 때 성장할 수 있다. 현재 김 상무에게는 단순한 성과가 아니라 이전까지와는 다른 차원의 성장이 필요했다.

무엇을 성장시키고 어떤 성과를 만들어내는 것이 바

람직할까?

성과 너머 성장을 꿈꾸는 리더라면 무엇을 해야 하는지, 자신의 성장 욕구를 만족시키려면 어떻게 해야 하는지 이번 장에서 탐구해 보자.

성과는 장기간에 걸친

조직적이고 지속적으로 농축된 능력의 결과이고,

성과를 올리는 일은

습관적인 능력의 집적에 의한 것이다.

_ 피터 드러커(Peter Drucker)

Leadership
Changes
Organizations

1

희망과 신뢰가
조직의 미래를 바꾼다

취업포털사이트 잡코리아가 직장인 682명을 대상으로 '자기계발 현황'에 대한 설문조사를 했다. 그 결과에 따르면 직장인의 69.2%가 자기계발을 한다. 성별로 보면 여성(67.9%)보다 남성(70.3%)이 자기계발을 더 하고 있는 것으로 나타났다.

자기계발을 하는 가장 큰 이유는 '이직 시 더 유리해지기 위해서'가 가장 높은 비율을 차지했다. 그다음으로는 '진로 변경'이나 '개인의 만족감 및 성취감' '승진 및 고과에서 유리해지기 위해서' 순으로 나타났다.

누구나 성장하고 싶은 욕구가 있고, 어떻게 성장할 수 있을지 고민한다. 나는 어떻게 성장할 수 있을까? 이 질문에 대한 답에 따라 미래의 모습이 결정된다.

제주왕나비와 사향제비나비는 애벌레 시절에 쓴 풀을 먹는다. 애벌레 때 오랫동안 쓴 풀을 먹어놓으면 그 쓴맛이 나비가 된 후에도 몸에 배어 있다. 그래서 이 나비를 잡아먹어 본 새들은 두 번 다시 이 나비를 먹지 않는다. 생존에 유리해지는 것이다.

'좋은 약은 입에 쓰다'라는 말처럼 경쟁력을 갖추려면 고통을 겪어야 할 때가 있다. 이때 성장하는 리더는 겪어야 하는 고통을 바라보는 시선이 다르다.

삶을 긍정하는 사람이
미래를 바꾼다

조직에서 인사이동을 하고 난 후에는 여기저기 악 소

리가 난다. 상사는 상사대로 직원은 직원대로 서로 맞춰 나가는 진통의 시간을 겪는다. 그런 와중에도 다른 부서와 달리 웃으면서 일하고 안정된 분위기에서 성과를 올리는 부서도 있다.

이는 부서를 이끄는 리더의 생각에 달려 있다. 새로 배치된 직원이 부서에서 맡은 업무에 대한 경험이 적거나 적합한 인선이 아니라고 생각할 때 이를 어떻게 받아들여야 할까?

가령 김 부장은 이렇게 생각하며 스트레스를 받는다.

'왜 이 업무를 잘 아는 박 대리가 아니고, 전혀 다른 분야에 있던 윤 과장을 보내는 거지? 일을 하라는 건지, 말라는 건지! 윤 과장을 가르쳐서 성과를 내게 하려면 몇 달은 더 걸릴 텐데!'

이와 달리 최 부장은 즐거워한다.

'와우 완전 다른 업무를 한 사람이 오네? 이 사람 덕분에 새로운 시각으로 보면서 다른 기회를 찾을 수 있겠는데? 늘 같은 일만 하던 사람보다 왠지 신선한 아이디어

가 나올 것 같아!'

당신이 대표라면 어떤 부장과 일하고 싶은가?

어떤 상황에서도 긍정적으로 사고해야 길이 보인다. 미국 심리학협회에서 나온 자료에 따르면 **가난하게 자랐지만 자수성가를 한 사람들에겐 한 가지 공통점이 있는데, 바로 희망을 가진 사람이었다.** 이 연구에 참여했던 발레리 미홀메스 박사는 희망은 자신이 바라는 것을 얻기 위한 계획과 동기부여, 결단력을 수반한다고 했다. 희망은 인간을 과거와 현재, 미래로 연결시키며 성과를 만들어낸다.

희망을 가진다는 의미가 무엇일까? 어떤 식으로든 자신의 삶을 나아지게 하는 결과를 바란다는 뜻이다.

심리적 희생자 vs. 심리적 생존자

희망은 더 나은 미래 또는 개선된 미래에 대한 열망을 뜻하는데, 실은 그 이상으로 의미가 있다. 희망은 목표를 추구하는 데 필요한 에너지다. 또 장애물을 극복하고 변화하는 상황에 적응할 수 있게 한다. 물론 현실적인 사람들은 '희망 고문'이라는 표현을 쓴다. 지나친 낙관주의가 조직을 더 망친다고 생각할 수도 있다.

심리학자 찰스 스나이더(Charles Snyder)의 이론에 따르면 희망은 '목표 지향적 에너지에서 파생된 긍정적인 동기부여 상태'이자 '목표를 달성하기 위한 경로'다.

많은 학자의 연구를 보면 직장 내에서의 희망은 생산성과 높은 상관관계가 있다. 지금의 상황이 어둡다고 해서 희망을 갖지 못하면 불안과 두려움 속에 지낼 수밖에 없다. 리더가 불안하면 미래 가능성을 제시할 수 없고, 부하 직원은 그런 리더를 믿을 수 없을 뿐만 아니라 조직 전체에 대해 신뢰를 갖지 못하게 된다.

정신과 의사 데일 아처(Dale Archer)는 희망은 마음에서 나오는 감정이라고 하며, 정말 어려운 상황이 생겼을 때 사람은 두 종류로 나뉜다고 했다.

바로 심리적 희생자(Psychological Victim)와 심리적 생존자(Psychological Survivor)다.

심리적 희생자는 수동적이며 비관적이고, 과거를 생각하고 자신이 무엇을 하려 하기보다는 '누가 나를 도와줄 것인가?' 하고 물으며 절망 속에 빠져서 자신을 잃어버린다.

이와 달리 심리적 생존자는 활동적이며 낙관적으로 미래를 바라보고 "어떻게 도와드릴까요?"라고 묻고, 건강해지려 노력하며 인내한다. 그런데 놀랍게도 이 두 유형은 처한 조건과는 관계가 없었다고 한다.

모두가 힘들다고 말하는 상황에서 진정한 리더는 희망을 주는 동시에 구성원 개개인이 희생자가 아니라 생존자로 설 수 있도록 돕는다.

"당신이니까 이 일을 잘할 수 있을 거예요."

"당신이 있어 이 일을 해낼 수 있었어요. 수고했어요."

구성원들에게 그들의 존재를 먼저 인정해 주면서 희망을 전파해 보자.

성장하기 위해서
가장 필요한 것

프리랜서로 생활하다가 직장 생활을 새로 시작하는 한 청년이 이런 말을 했다.

"저는 무슨 일을 하느냐가 중요하지 않습니다. 저에게 가장 중요한 것은 누구와 함께 일을 하느냐입니다."

개인이나 조직이나 모두 '성장'하길 원한다. 성장하려면 신뢰할 만한 '사람'이 필요하다. 지금 나의 주변에 전적으로 신뢰할 만한 사람은 몇이나 있는가? 아마도 한 손에 꼽히든지 아니면 한 명도 없을 수 있다.

나는 신뢰를 바탕으로 성장한 많은 사례를 알고 있는데, 최근에 전 상무와 김 대표의 만남도 그중 하나다.

"저는 박 대표께서 소개하시면 무조건 믿고 만납니다. 그분이 어떤 가치를 갖고 사는지 잘 알기 때문이지요."

전 상무는 박 대표의 추천으로 김 대표와 미팅을 했다. 두 사람이 만난 지 1시간도 채 되지 않아 두 회사가 중요한 일을 같이 도모하자는 결론이 나왔다. 만난 첫날에 무려 4시간 가까이 마라톤 회의를 했고, 하반기에 진행할 큰 행사를 논의하면서 어느 정도 큰 그림을 그리고 헤어졌다.

두 사람의 대화가 일사천리로 진행된 이유는 이미 각자가 수없이 고민하며 답을 찾기 위해 노력해 오기도 했지만, 신뢰를 바탕으로 한 만남 때문이기도 했다.

사람과 사람 사이의 신뢰는 한순간에 생겨나지 않는다. 먼저 내 삶이 올바르게 누적되어 있어야 한다. 그러려면 자신과의 약속을 잘 지켜야 한다. 미래를 위해 매일 꾸준히 할 수 있는 작은 목표를 세워 그것을 실천하면 된다.

다른 하나는 가까운 주변인에게 인정하는 표현을 자주 하는 것이다. 나의 기준이 아닌 상대방의 입장에서 그가 변화하고자 노력하는 과정을 인정하며 지지와 기대감을 표현해 주어라.

어떤 조직이든 리더가 구성원들의 가치를 인정하고

나아갈 때 그 조직이 할 수 있는 일의 크기가 커진다.

나 자신을 신뢰하고 함께 생활하는 이를 신뢰한다면 자연스럽게 서로 신뢰하는 관계가 만들어지고, 그런 관계에서 이루지 못할 일은 없다.

나 자신을 신뢰하고

타인의 신뢰를 얻는다면

무슨 일이든 할 수 있다.

큰 희망이 큰 사람을 만든다.

Great hopes make great men.

_ 토머스 풀러(Thomas Fuller)

2

리더는 긍정적인 영향력으로
변화를 이끈다

2003년 나는 비즈니스 코칭 회사를 설립했다. 당시 주변에서 나를 아껴주던 분들은 다들 말렸다. 남이 가지 않는 길, 몰라주는 길을 왜 가느냐고 했다. 그렇게 주변의 우려 속에서 회사를 창업했고, 다행히 지금까지 경영해 오고 있다. 물론 어려운 일들은 시시때때로 일어났지만, 이렇게 건재할 수 있었던 원동력은 코칭이 가져다주는 변화 때문이었다.

최근에 15년 전 고객과 타 회사 대표, 나, 이렇게 세 사람이 특별한 하루를 보냈다. 셋은 흔한 말로 한 번씩 망

해본 사람들이다. 우리는 회사를 경영하다가 바닥까지 떨어졌다가 다시 건강한 모습으로 웃으며 돌아왔다. 옛 고객이 이 시간을 마련했는데, 그 이유는 고마움을 표시하기 위해서였다.

그는 한창 어려웠던 시기에 우리 회사에서 코칭을 받았고, 다시 일어설 수 있다는 희망을 가졌다고 했다. 코칭 덕분에 지금의 당당한 자신이 있음을 고백했다. 함께한 타 회사 대표는 그때 그에게서 희망을 보고, 자신도 웃음을 되찾았다고 한다.

힘들 때 자신의 능력에 의심을 품고, 타인의 말에 좌지우지되면 몸과 마음의 병만 얻을 뿐이다. **힘든 시기에 정말 필요한 건 '암흑 속에서 건져 올린 희망'이다.**

75세 회장님이
암을 극복한 비결

최근에 암을 극복한 75세 회장님이 건강하고 환한 미

소를 띠고 모임에 나왔다. 모두에게 밝게 인사하는 모습을 보고는 어떻게 이겨내셨는지 여쭈었다.

"기업을 경영하며 예상치 못한 일들이 하루도 빠짐없이 일어났어요. 너무 스트레스를 받아서 나도 모르게 병이 깊어졌던 모양입니다. 그런데 처음엔 나를 힘들게 한 주변 사람들이 원망스럽고, 나중엔 관리하지 못한 나 자신이 너무 한심해 보였어요. 그런데 그런 마음으로 생활하다 보니 모든 것이 더 나빠지더군요.

그래서 마음을 바꿔 지금까지 사업을 이어올 수 있었던 자체에 감사하기로 했습니다. 나이를 의식하지 않고 하고 싶은 것을 꿈꾸기로 했고요. 다시 건강하게 살아날 수 있다는 희망을 갖고 매일 노력했어요."

그분은 긍정적인 태도 덕분에 다시 건강해졌고, 회사 또한 경영한 지 40년 만에 코스닥 상장 업체가 되었다.

제롬 그루프먼(Jerome Groopman) 하버드대학교 의학 교수는 "희망의 핵심 요소인 믿음과 기대는 모르핀의 효과가 있으며 뇌의 엔도르핀을 분비시킴으로써 고통을 차단할 수 있다"라고 했다. 또 희망 심리학자 셰인 J. 로페스(Shane J. Lopez)는 희망이 불안과 부정적인 인생 사건의 영향을 완충하는 데 도움을 줄 수 있다고 말한다. 그의 연구에 따르면 희망을 가진 사람들이 행복을 더 많이 누리고, 절망적인 사람보다 더 많이 웃는다고 한다.

리더가 조직을 성공적으로 이끌기 위해서는 무엇을 해야 할까? 사실 **리더는 지위나 권력을 누리는 사람이 아니다. 긍정적인 영향력으로 함께 행복한 변화를 만들어내는 사람이다. 이것이 리더의 본질이다.**

10년 경단녀가 리더십 코치가 되다

어릴 때 꿈이 무엇이냐고 물으면 나는 '선생님'이라고 대답했다. 소꿉놀이할 때 나보다 나이 많은 언니들이 있어도 항상 선생님 역할을 도맡았다.

그런데 정작 대학을 가야 할 시기에 우리 집안 형편은

몹시 어려웠다. 아무도 나를 대학에 보낼 생각을 하지 않아서 고민 끝에 어머니와 협상을 했다. 입학금만 내주면 졸업할 때까지 알아서 학비와 용돈을 조달하겠노라고 설득했다. 다행히 학교에 입학할 수 있었고 그 약속을 지키느라 열심히 학업과 아르바이트를 병행했다.

드디어 꿈에 그리던 여고 교사가 됐다. 그러나 기쁨도 잠시 3년 만에 출산과 함께 사직하고 말았다. 당시에는 어쩔 수 없는 현실을 받아들였지만, 다시 꿈을 꾸었다.

'10년 후에는 꼭 사회에 다시 나가야지!'

주변에선 다들 여자가 사회생활을 하다가 멈추면 다시는 기회가 없다고 말했다. 그런데 내가 꿈꾼 대로 정확히 10년 후 사회생활을 시작했다. 리더십을 가르치게 되었는데, 이제 대상이 학생이 아니라 회사 임원들이었다. 그때부터 지금까지 32년째 리더십 분야에 종사하고 있다.

학창 시절에 나는 문학 소녀였고, 언젠가는 작가가 되겠다는 꿈을 꾸었다. 이제껏 12권의 책을 썼고, 그중에서

3권은 베스트셀러가 되어 10년이 지난 지금까지도 인세가 들어온다. 어떻게 나에게는 꿈꾸면 현실이 되는 일이 계속 일어날까?

나는 어린 시절부터 "나는 반드시 해낼 것이다!" "할 수 있다!"라는 말을 습관적으로 자주 했다. 당시에는 그것이 무슨 효과인지 몰랐지만, 스스로를 북돋우면서 암시를 건 효과를 톡톡히 보았음에 틀림없다.

일이 잘 풀릴 것이라 기대하면 잘 풀리고, 안 풀릴 것이라 예상하면 안 풀리는 경우를 포괄하는 말이 있다. 바로 '자기 충족적 예언(self-fulfilling prophecy)'이다.

스스로 비하하는 말을 쉽게 하는 이들이 있다.

"내가 원래 그렇지."

"내가 언제 되는 일이 있는 것 봤니?"

아무렇지 않게 뱉는 이런 말이 자신의 미래를 만들고 있다는 사실을 아는가?

"나는 항상 작심삼일이잖아" "나는 끈기가 없어서 오래 못 해" 이런 말도 같은 맥락이다. 설사 그렇다 해도 작심삼일도 안 하는 사람보다는 낫지 않은가? 작심삼일도 계속하다 보면 조금씩 늘게 돼 있다.

리더의 말 한마디가
조직의 미래를 결정한다

30년간 중소기업 경영자로 살아온 박 사장은 환갑을 앞두고 자신의 삶을 정리해 보았다. 10년마다 찾아왔던 고비들이 주마등처럼 스쳐 가며 눈시울이 뜨거워졌다.

반복되는 자금 문제, 직원 이직, 현장 사고, 고객과의 문제들로 하루도 편할 날 없이 살아왔다. 그런 힘든 일을 다 겪고 살아온 자체가 스스로 생각해도 신기했다.

그 어려운 상황을 어떻게 뚫고 여기까지 왔는지, 올 수 있었던 원동력이 무엇이었는지 한번 되돌아 보았다. 그는 자신에게 위기가 닥칠 때마다 스스로에게 외쳐온 문구 덕분이라고 결론을 내렸다. 그 문구는 이러했다.

"이 또한 지나가리라. 어둠이 지나면 반드시 해가 뜬다.

내가 포기하지 않는 한 우리 회사는 살아 있을 것이다."

박 사장은 자신의 미래에 대해 항상 더 나은 일이 일어날 것이라고 긍정적으로 생각하며 살아왔다. 그 결과 현재는 아들이 가업을 잘 이어가고 있다. 주위에 비슷한 상황을 겪어온 기업의 대표들은 아들까지 자연스럽게 사업을 이어받은 박 사장을 부러워한다.

박 사장은 힘들 때마다 희망의 문구를 붙잡았다. 그 덕분에 모진 풍파를 견디며 30년을 지탱할 수 있었다. 심리학자 토리 히긴스(Tori Higgins)는 "사람은 자신이 말한 것을 믿는다"라고 했다.

나는 나에게 어떤 말을 하고 사는가?
어떤 말로 내 미래를 만들고 있는가?

똑똑하지만 성공하지 못하는 사람들은

희망 에너지가 부족하다.

_ 아르메니우 레구(Armenio Rego)

3

태도가
리더의 그릇을 보여준다

"척 보면 어떤 사람인지 금방 아실 수 있지요?"

20년간 코칭을 하며 많은 분을 만나다 보니 사람들에게 종종 이런 말을 듣는다. 신이 아닌 이상 어떻게 단번에 알 수 있겠느냐고 하면서도 한 가지 기준은 있다고 답한다. 그것은 태도(attitude)다. 그동안 만난 사람들 중 모델이 될 만한 분들의 남다른 태도는 이러했다.

- 긍정적으로 생각하고 더 나은 방향을 찾는다.
- 관계자가 이해할 수 있도록 투명하게 일을 처리한다.

- 미팅 시 눈을 바라보며 미소로 대화한다.
- 정보를 확보하고 신중하게 또박또박 천천히 말한다.
- 상대방을 배려하면서 명확하게 피드백하며 대화한다.

위대한 차이는 사실 작은 차이에서 비롯되며 그 출발점은 바로 태도의 차이라고 했던가. 올바른 태도를 가진 사람이 더 높은 곳을 향하여 나아갈 수 있다. 한마디로 태도(attitude)가 고도(altitude), 즉 성취할 수 있는 높이를 결정한다.

3년 동안
무엇을 할 것인가?

───────

"여러분은 모든 여건이 주어진다면 3년 동안 무엇을 새롭게 해보고 싶습니까?"

아침 회의 때 모두에게 돌발적으로 질문을 던졌다. 저마다 30초 정도 자신의 생각을 이야기했다. "지휘 공부를 해서 작은 오케스트라단 지휘를 해보고 싶습니다"
"그림을 그려보고 싶습니다" "공공 정책 연구를 하고
싶어요" "심리학을 공부하고 싶습니다" 등 모두가 실제
로 조금만 노력하면 할 수 있는 매우 현실적인 소망을
피력했다.

유대인의 두뇌 계발 비법에 관한 에란 카츠(Eran Katz)
의 책《천재가 된 제롬》에서는 "자기 현실에 비춰볼 때
말도 안 된다 싶은 것을 상상하라"라고 했다. 자신이 처
한 현실에서 벅찰 만큼의 비현실적인 목표를 세워 그것
을 어떻게 이룰 수 있는지, 그 실제적인 방법에 대해 생
각하다 보면 이룰 수 있다는 뜻이다.

여기 실현 가능성이 있는 목표와 현실에 맞지 않는 이상
적인 목표가 있다고 치자. 이 중 어느 목표를 가지면 진정
으로 행복하게 성취할 수 있을까?

나는 후자에 찬성표를 던진다. 누구나 노력해서 할 수
있을 정도의 바람은 언제든 할 수 있다는 생각에 큰 노
력을 기울이지 않을 것이기 때문이다.

그러나 전혀 현실에 맞지 않는 높은 이상을 꿈꾸면 나 자신의 힘만이 아니라 진정 절대자의 도움 없이는 이룰 수 없다는 생각에 매일 간절하게 기도하고 실행하는 데 힘쓸 것이기 때문이다. 자신에게 한번 물어보자.

"모든 여건이 주어진다면 3년 동안 무엇을 새롭게 해 보고 싶은가?"

늦은 때란 없다

요즘은 주변에서 70세가 넘으신 분들이 챗GPT를 배워 강의도 하며 관련 자료를 매주 올리는 모습을 본다. 나이가 많더라도, 경력이 전무하더라도 지금 어떤 일을 새로 시작하는 데 절대 늦지 않다.

현재 직장에 다니고 있지만 다른 일을 하고 싶은 사람, 새롭게 제2의 인생을 계획하고 싶은 사람에게 늦은 때란 없다.

시인 존 그린리프 휘티어(John Greenleaf Whittier)는 입

이나 펜에서 나오는 말 중 가장 슬픈 말은 '그럴 수 있었는데'라고 했다. 주변에 보면 하고 싶은 일을 하지 못한 아쉬움과 그때 그 행동을 실천으로 옮겼더라면 하고 후회하는 사람이 많다. 안 될 조건만 바라보지 말고, 나이만 한탄하지 말고, 하고 싶은 일을 찾아서 실천한다면 꿈은 반드시 이루어진다.

상상력의 크기가
미래의 내 위치다

───────

개인이든 조직이든 모두 원하는 상태가 있다. 개인이 원하는 상태에 이르려면 뇌의 구조를 잘 알고 활용하면 좋다. 이때 '멘탈 비거러스'를 활용해 보자.

멘탈 비거러스(mental vigorous)란 뇌 신경전달물질과 호르몬의 변화로 번뜩이는 아이디어가 솟아나고 날카로운 직관이 작용되는, **미래에 대해서 긍정하는 감정 상태를 말한다.**

이런 감정 상태는 어떻게 만들 수 있는가?

뇌는 실제 상황과 마음으로 그리는 상황을 분별하지 못하고 똑같이 받아들인다. 그러니 **할 수 있다는 생각으로 뇌를 가득 채워서 항상 좋은 기분을 유지하면 된다.** 즉 자신의 경험이나 상식에 의존하지 말고, 가능하다는 생각을 하고 실제처럼 믿어야 한다.

주변에서 지극히 평범해 보이는 사람이 성공하는 모습을 보며 똑똑한 사람들은 이해가 안 된다는 말을 한다. 평범한 사람의 성공 요인은 자신에게 주어진 일에 대해 불만이 아닌 감사로 임하는 것이다. 그리고 모든 게 잘될 거라는 믿음으로 행동한다. 성공하고 싶다면 멘탈 비거러스 상태로 기분 좋게 일하라.

뇌에 긍정적인 생각을 심으면
긍정적인 현실이 된다.

스스로 자신을 돕지 않는 사람은 아무리 도와봐야 소용이 없다.
스스로 올라가려고 하지 않는 사람을 밀어서 사다리 위로 올려
보낼 수는 없는 법이니까.

There is no use whatever trying to help people who do not help
themselves. You cannot push anyone up a ladder unless he be willing
to climb himself.

_ 앤드류 카네기(Andrew Carnegie)

4

위기의 해결책은
리더 안에 있다

희망을 연구하는 심리학자인 찰스 스나이더는 "희망은 우리의 사기를 북돋우고, 무엇이 가능한지 생각하게 한다, 무지개와 희망은 동일한 의미를 갖는다"라고도 이야기했다.

흔히 무지개는 약속의 증표다. 무지개를 보면 모두가 "와!" 하고 탄성을 지르며 희망을 품는다. 실제로 나 역시 외국 유학 중에 너무 지친 나머지 더 이상 무엇인가를 할 기력이 없던 어느 날, 운전 중에 무지개를 보고 마법처럼 기분이 좋아지면서 다시 해낼 힘이 생겼다.

매출이 반 토막이 나도
회사 분위기가 좋았던 이유

A사는 외국계 기업으로 국내 업계에서 30년 이상 선두주자였다. 하지만 코로나19를 겪으며 매출이 절반 이하로 줄어들면서 충격에 빠졌다. 그런데 얼마 안 되어 구성원 모두가 올해에는 성장할 수 있을 거라는 기대를 품게 되었다. 어떻게 긍정적인 분위기가 조성되었을까?

그 중심에는 박 부장이라는 영업부의 희망 전도사가 있었다.

박 부장은 아이가 셋이라 누구보다 회사가 잘되기를 간절히 바라는 사람이었다. 또 평소에 자신이 할 수 있는 일을 찾아 행동에 옮기는 스타일이었다.

코로나19 기간 동안 일이 줄어들자 그는 그동안 바빠서 챙기지 못했던 고객들을 찾아다니기로 했다. 가서 고객사를 위로하기도 하고, 자기 회사에서 지금 무엇을 연구 개발하고 있는지, 회사는 어떻게 대처하고 있는지에 대해 이야기를 나누었다.

한창 잘나갈 때에는 관계자로서 늘 짧게 용건만 나누었는데, 일이 줄어드니 오히려 고객과 편안하게 이야기하고 서로 교감도 나누면서 힘을 얻게 되었다.

그러자 주문 액수는 줄었지만 주문 건수가 늘어나는 변화가 생기기 시작했다. 박 부장은 여기에 힘입어 그 어느 때보다 부지런하게 일했고, 긍정적인 사고를 갖게 되었다. 박 부장의 이런 모습을 지켜본 주변 동료들도 하나둘씩 그를 따라 하기 시작했다. 시간이 지나자 어느덧 위기를 잘 넘겼고 앞으로 더 잘할 수 있다는 자신감 넘치는 조직 분위기가 형성되었다.

한 사람이 본 작은 희망이 조직의 성장을 도우며 더 나은 미래를 꿈꾸게 한 것이다. 희망의 전파력과 그 효과는 상상 이상이다. 모두가 두려움 속에서 힘들어할 때, 필요한 건 바로 희망이다.

미래는 준비하는 자에게
기회를 준다

———

항상 일에만 몰두하던 A사의 김 대표에게 10년 전 큰 위기가 찾아온 적이 있었다. 주변에서는 "저 회사는 망했어"라며 친하게 지내던 사람들조차 슬슬 거리를 두기 시작했다.

그러던 김 대표가 최근 나에게 문자 메시지를 보냈다. 제조업과 지식 사업을 잘 병합한 덕분에 직원 30명에 1000억 원 이상의 매출을 올리는 알짜 회사로 도약하기 위해서 노력하고 있다는 내용이었다.

문자 메시지에는 이제 곧 사업 설명회를 하러 미국으로 간다는 내용도 있었다. 세계적으로 알려진 회사에서 A사가 만든 제품을 구입하겠다고 했단다. 또 오래전 관계했던 거래처에게서 신제품의 판매 독점권을 받았다는 소식도 있었다.

김 대표는 어떻게 남들이 다 망했다고 판단했던 회사

를 10년 만에 되살렸을까? 그것도 요즘같이 제조업이 힘들고, 많은 공장이 문을 닫는 시기에 말이다.

비결은 김 대표의 열정이었다. 김 대표는 어려운 상황 속에서도 포기하지 않았고, 미래 먹거리를 늘 연구했다. 전시회가 있을 때마다 시간을 내서 제품들을 살펴보고, 어떻게 발전시키면 좋을지 고민하고, 궁금한 점이나 획기적인 아이디어가 떠오르면 곧바로 해당 회사에 찾아가 관계자와 대화를 나눴다.

그러다 보니 자연스럽게 자신이 가지고 있던 아이디어에 새로운 지식이 더해져서 놀랄 만한 제품을 설계할 수 있었다. 당연히 아이디어를 실제 제품화하기까지는 어려움이 많았다. 무엇보다 김 대표와 같은 생각을 가진 사람을 만나 이야기를 나누는 일이 쉽지는 않았다.

그러나 김 대표는 철저히 미래를 위해 투자하기로 했고, 뚝심 있게 밀고 나갔다. 성공하는 사람들의 공통점이 포기하지 않는 정신이라더니 꼭 맞는 말이었다. 주변에 보면 최저 임금이며, 금리 인상 등으로 사업을 접겠다는 분이 많다. 그런데 김 대표를 보면서 마음의 힘은 모든 것을 뛰어넘는다는 점을 다시 한번 느꼈다.

김 대표의 열정과 포기하지 않는 정신은 어디에서 나왔을까?

"바닥을 쳤을 때 더 이상 내려갈 곳이 없으니 날아오를 일만 있겠지, 했습니다. 그걸 믿고 미래를 준비했죠."

어떤 상황에서도 날아오를 수 있는 답은 내 안에 있다.

유명 심리학자 앤절라 더크워스(Angela Duckworth)는 모든 분야를 통틀어 성공한 사람들의 유일한 공통점이 그릿(Grit), 즉 끈기라는 사실을 밝혀냈다.

인간의 뇌에는 신경 가소성(neural plasticity)이란 성질이 있다. 가소성이란 시간이 지남에 따라 새로운 사고와 행동 패턴에 반응해 변화하는 능력을 말한다. 그릿도 연습을 거듭할수록 향상된다는 뜻이니, 이런 뇌의 가소성이야말로 '희망'이 아닐까.

스트레스를
성장의 연료로 만드는 법

어떤 위협이나 위기에 처했을 때 인간의 뇌는 그곳에서 도망가기 위해 일부러 스트레스 호르몬을 만든다. 불편하고 불쾌한 감정을 불러일으켜 사태의 심각성을 깨닫게 하는 메커니즘이다. 이를 '투쟁 도피 반응(Fight or Flight response)'이라고 한다. 투쟁 도피 반응은 우리 몸에 두려운 에너지를 일으키고, 이때 뇌는 오직 자신의 몸을 방어하는 데 모든 역량을 투입하도록 명령한다.

스트레스는 신체의 안전을 위해 고의적으로 불안을 느끼게 하는 심리적 방어 장치다. 스트레스는 하나의 얼굴만 갖고 있지 않다. 즉 양면성을 갖고 있으므로 **스트레스를 우리 삶을 전진시키는 연료로 활용할 수도 있다.**

코로나19가 창궐하던 시기에는 사회적 갈등이 많았다. 가정에서는 너무 많이 대면해서 갈등이 늘어났고, 조직에서는 너무 대면하지 않아서 소통 부재로 문제가 생겼다.

하지만 그런 시기에도 갈등을 해결하려는 아이디어들이 나왔다. SNS로 서로 좋은 글과 메시지를 나눴고, 랜선 회식이나 온라인 회의도 활성화되었다.

새로운 상황에 닥치면 사람들은 두 방향, 즉 성장형 사고방식을 가진 사람과 고착형 사고방식을 가진 사람으로 나뉜다.

성장형 사고방식을 가진 사람들은 문제는 풀라고 있다고 생각한다. 이들은 어려운 일들은 계속 생기고 그 안에서 새로운 방법을 찾아내며 인류가 진보한다고 믿는다. '이 또한 지나가리라' 하고 생각하며 해결 방법을 찾는 데 시간을 쓴다. 이참에 내가 무엇을 기여할 수 있을지 고민하고 대응한다.

반면 고착형 사고방식을 가진 사람들은 왜 하필 이 시기에 이런 일들이 일어나는지 불평하며 자신이 할 수 있는 일은 없다고 포기한다.

실패하기를 원하는 사람은 아무도 없다. 그럼에도 자신 없고 두려운 생각이 계속 머리에 맴돌고 있다면 성장형 사고를 갖도록 노력해야 한다.

'어둡고 앞이 잘 보이지 않아도 잘될 것이다' '우리는 해낼 것이다' '나는 할 수 있다!' 이런 믿음을 가지며 포기하지 않으면 반드시 웃을 날이 온다.

삶에서 승자가 되는 비결은
희망을 습관화하는 것이다.

희망은 우리의 사기를 북돋우고

무엇이 가능한지 생각하게 한다.

무지개와 희망은 동일한 의미를 갖는다.

_ 찰스 스나이더(Charles Snyder)

5

열심히 일하느라
성장을 미루지 마라

오랜만에 가족들이 모이면 서로 이런 말을 곧잘 한다.

"그건 정말 나쁜 습관인데, 고쳐야 해…."

서로 관심과 애정에서 나오는 말임에도 지적으로 받아들여지고, 기분이 상하면서 변명을 늘어놓고 만다.

"사람이 갑자기 변하면 죽는다고 하잖아요. 그냥 살던 대로 살래요. 어차피 알 만한 사람은 내가 이런 거 다 알아요!"

자신을 아끼는 이들로부터 "이렇게 바꾸면 어때?"라는 진심 어린 충고를 들었다면, 만약 그 의견에 동의한다면 즉시 실행에 옮기는 게 좋다. 진정으로 자신의 발전과 성장을 돕는 변화는 주변도 기쁘게 하고, 내 삶에도 긍정적인 영향을 미칠 수 있다.

안전지대를 벗어나는
연습을 하라

인간은 누구나 '안전지대(Comfort Zone)'를 가지고 있다. 그래서 자신에게 익숙한 행동 방식을 선호한다. 다만 한번 이 지대에 들어가게 되면 계속 머물고 싶다. 그러나 성장하려면 안전지대를 벗어나야 한다.

어떻게 하면 안전지대에서 벗어나 자신이 원하는 목표를 이루며 성공적인 삶을 유지할 수 있을까?

미국 종합경제지 〈포춘〉 편집장 제프 콜빈(Geoff Col-vin)은 《재능은 어떻게 단련되는가》라는 책에서 성공적인 삶을 유지하는 비결을 '연습'이라고 했다.

이때 연습은 그저 생각 없이 하는 연습이 아니다. 명

료한 목표를 정하여 선택과 집중을 하는 연습을 말한다. 그는 자신의 미흡한 부분을 찾아내어 그 부분을 즉시 연습해야 한다고 강조했다. 물론 반복된 연습은 힘들고 고통스럽지만, 그만큼 분명한 성과를 가지고 온다.

많은 사람이 자기계발의 목표를 세우고 결심하지만, 연습 시간을 잘 견디지 못한다.

한 교육업체에 약 30명의 프리랜서가 일하고 있었다. 이들은 50대 중반에서 60대 후반이었다. 이 조직에서 벌어지는 재미난 현상은 60대 후반 몇 분들에게 일할 기회가 자주 주어지고, 50대 중반 분들에게는 일할 기회가 적게 주어져서 불만이라는 사실이다.

무엇 때문일까? 이유는 간단했다. 나이와 관계없이 자기계발에 투자한 비용과 시간의 차이였다. 혼다 나오유키(本田 直之)의 책 《레버리지 씽킹》에 보면 프로 선수는 자기 시간 중 20%를 시합에 쓰고, 80%를 훈련에 투자하는 반면, 직장인은 자기 시간의 99%를 일에 사용하고 1%를 자기계발에 투자한다고 한다. 이를 운동선수에 비유하면 직장인의 대부분은 연습을 거의 하지 않고 시합에 임하는 선수와 같다.

나이와 관계없이 자기계발에 충분한 시간을 들이는 사람은 다른 사람이 먼저 알아보기 때문에 재요청이 들어오고, 시작이 좋았어도 계속 노력하지 않은 사람에게는 기회가 잘 오지 않는다.

꾸준히 일하고 싶은가? 그러면 자신이 가진 시간의 10%라도 매일 자기계발에 투자하고 연습하라.

성공한 사람들의
5가지 공통점

한 분야에 무려 40년이란 세월을 바친 건강식품회사 정 회장은 이제 좀 편안한 상태가 되었다. 그간 사람들의 건강을 위해서 연구소를 만들고, 산을 개간하는 등 수많은 우여곡절이 있었다.

그분을 안 지 20년이 흘렀기 때문에 나름대로 봐왔던

모습이 있어서 언젠가 질문을 던져보았다.

"회장님은 어떻게 그 많은 힘든 날을 견디셨나요?"

그의 첫마디는 "내가 먼저 건강하고 행복한 삶을 살기 위해 스스로 희망을 찾아서 만들었지요"였다. 이어서 긍정적인 생각과 말을 계속했다고 답했다.

정 회장처럼 어려움을 이겨내고 성공한 분들을 보면 다섯 가지 공통점이 있다.

첫째, 자신의 꿈에 대해 구체적인 목표를 세운다

꿈을 이루기 위한 목표를 세우고 반드시 된다고 믿는다. 그것이 흔들리지 않는 굳건한 믿음을 지속할 수 있는 힘을 준다.

둘째, 불확실한 미래를 기회라고 생각한다

다른 사람들이 불안해할 때 긍정적인 요소를 먼저 찾아서 그 일을 할 수 있는 계기를 만든다.

셋째, 자신 있게 할 수 있는 일을 먼저 한다

약점을 생각하면 일에 대한 두려움이 커진다. 반대로 할 수 있는 일을 먼저 할 때 자신감과 여유가 생긴다.

넷째, 새로운 아이디어를 계속 생각하고 기록한다

다른 사람이 그를 이상주의자라고 해도 상관하지 않는다. 끊임없이 새로운 생각, 창의적인 아이디어를 떠올리다 보면 반드시 자신이 할 수 있다는 확신을 갖게 된다.

다섯째, 나누는 삶을 지속한다

다른 사람들을 위해 무엇인가를 나누는 행동은 인생을 풍요롭게 만든다. 타인을 돕는 행위 자체가 스트레스를 줄여주고 큰 행복감을 느끼게 한다.

어떻게 힘든 날들을 견뎌냈는가?
오늘 하루도 작은 성장을 이루어냈는가?

무언가를 시작하고 실패하는 것보다 더 나쁜 것은

아무것도 시작하지 않는 것이다.

The only thing worse than starting something and

failing is not starting something.

_ 세스 고딘(Seth Godin)

균형 잡힌 리더

인생의 저울추가 기울면
조직도 중심을 잃는다

무언가를 정말 하고 싶다면, 당신은 방법을 찾을 것이다. 그렇지 않다면, 변명을 찾을 것이다.

If you really want to do something, you'll find a way. If you do not, you'll find an excuse.

_ 짐 론(Jim Rohn)

살면서 가장 중요한 것이 무엇이냐고 물어보면, 열이면 열 모두가 건강이라고 답할 것이다. 앞만 보고 열심히 달려가다가 이제 여유를 갖고 여행도 하며 취미 생활도 해보려 하는데, 몸이 망가져서 아무것도 할 수 없게 된다면 어떻겠는가? 인생에서 놓치지 말아야 할 것은 균형감이다.

이 부장은 업무 성과도 좋고 분위기도 잘 살리는 사람이라 어디에서나 인기가 높고 오라는 곳도 많았다. 사람들과 정보를 나누면서 힘을 얻는 그이기에 웬만한 모임은 참석하려 했으며, 어떤 때는 하루에 두세 곳으로 뛰어다니기도 했다.

그런데 거의 매일 그런 생활이 이어지자 가정이 무너지기 시작했다. 아무리 능력이 있어도 인간이 가진 자원은 유한하다. 일이나 성과에 관련된 만남에 우선순위를 두며 지내다 보니 당연히 가정에 사용할 에너지가 너무 적었고, 아내와 아이들의 불만이 높아졌다.

어느덧 이 부장은 집에만 가면 눈치를 보게 되었고, 나중에는 나만 잘살려고 이러는 게 아닌데 가족에게 불청객 취급을 받는 것이 억울했다. 자연스레 집에서의 대화는 줄었고, 점점 더 인정받고 성과를 낼 수 있는 활동을 위주로 선택하게 되었다. 그 결과 악순환이 거듭되는 상황이 만들어졌다.

반면 일과 가정의 균형을 잘 맞춘 사례도 있다. 무역회사를 운영하는 김 대표의 이야기다. 그는 1년에 반 이상은 해외출장을 다님에도 행복하게 가정생활을 유지해서 주위의 부러움을 사고 있다.

그 비결은 단순했다. 그는 어디에 있든지 매일 5분 이상 아내와 그날 있었던 일에 대해 이야기를 나누었다. 그리고 주말에 될 수 있으면 함께 장을 보았다. 이 두 가지 단순한 원칙을 지키는 것이 가정의 행복을 만드는 비결이었다.

리더에게 균형 잡힌 삶은 매우 중요하다. 지금은 백세시대가 되었고, 실제로 다양한 산업 현장에서 70세가 넘은 분들이 왕성하게 활동하는 모습을 볼 수 있다. 오랜 시간 활기차게 활동하는 분들은 삶에 균형을 맞춘 경우가 많다.

일과 가정뿐만 아니라 인생에는 균형을 맞춰야 하는 중요한 가치들이 있다. 물론 자로 눈금을 재듯이 인생의 모든 항목을 똑같은 기준으로 중요도를 결정할 수는 없다. 20대, 30대, 40대 등 각 세대별로 인생에서 중요한 항목이 다르기 때문이다. 20대는 다른 부분에 신경 쓸 일이 별로 없으니 오로지 자신의 성장에 초점을 맞출 수 있다. 그러나 나이가 들어서는 오히려 다른 사람들과의 관계 형성이나 건강, 또 행복한 가정에 비중을 많이 둬야 한다.

균형 잡힌 삶은 개인의 성장, 신체 건강과 정신 건강, 직업적 성취와 자신의 만족감 사이에 조화를 이루었을 때 가능하다.

균형 잡힌 삶이 가져다주는 가치는 다음과 같다.

첫째, 스트레스를 잘 관리하므로 명확하고 효과적인 의사 결정을 내릴 수 있다.

둘째, 합리적으로 시간을 관리해 건강한 워라밸 문화를 가진 조직을 만들 수 있다.

셋째, 장기적으로 균형 잡힌 생활을 유지하면 업무 수행 능력이 향상된다.

넷째, 취미나 여가 활동을 통해 다양한 경험을 하므로 새로운 아이디어와 해결책을 생각해 낼 수 있다.

다섯째, 인간적인 소통을 나눌 여유가 생기기 때문에 다른 사람을 더 많이 이해하고, 깊은 신뢰 관계를 형성할 수 있다.

이번 장에서는 일과 삶의 균형을 위해 리더가 돌아보아야 할 것을 알아보려 한다. 또한 리더의 균형 잡힌 시각에 대해서도 살펴볼 것이다.

조직 안에서 리더가 균형 있는 시각을 가질 때, 주어진 상황을 긍정적으로 받아들이면서 더 나은 미래를 위해 계획을 세우고 실행할 수 있다. 그뿐 아니라 다른 사람을 도울 수 있는 일을 찾아볼 마음의 여유도 생긴다.

인생은 자전거를 타는 것과 같다.

균형을 잡기 위해서는 계속 움직여야 한다.

Life is like riding a bicycle.

To keep your balance you must keep moving.

_ 알베르트 아인슈타인(Albert Einstein)

Leadership
Changes
Organizations

1

내려놓는 게
먼저다

얼마 전에 이사를 하면서 그동안 대충 넣어놓았던 짐을 다시 정리하기 시작했다. 서랍마다 수많은 물건을 넣느라 끙끙대다가 잠시 멈추어 생각했다.

'대체 이 물건들은 언제 사용할까? 이것을 꼭 가지고 있어야 하나? 집에 손님이 얼마나 온다고 이 많은 물건을 지키고 사는지….'

결국 오랫동안 가지고 있었던 이 애물단지들을 나누거나 버리기로 결정했다. 그리고 나자 불편했던 마음이 편안해졌다. 꽉 차 있던 마음에 새로운 것을 받아들일 여유가 생긴 것이다.

현재 우리는 어떤가. 숨 가쁘게 생활하면서 당장 눈앞에 닥친 일에 허덕이느라 여유를 잃어버린 건 아닌지, 잠시 숨을 돌리고 주변을 돌아보자.

내가 행복해질 것

맞벌이를 하는 S사의 임 상무는 자녀 학교 문제 때문에 6년째 주말 부부로 지내고 있다. 처음에는 서로 힘들다 보니 상대방을 탓하고, 양육 문제에 이견을 좁히지 못해서 화가 난 나머지 한 달간 집에 가지 않은 적도 있었다.

그런 생활이 몇 개월 지속되다 보니 스트레스를 너무 받은 나머지 회사 일에 몰입하지 못했고, 직원들에게 짜증을 내는 일도 많아졌다. 문득 그런 자신을 돌아보며 생각을 바꾸기로 했다.

내가 먼저 행복해지지 않으면 주변 사람에게 절대로

잘할 수 없다는 사실을 깨달은 것이다. 임 상무는 어디서나 필요한 존재이자 행복한 존재가 되고 싶었다.

임 상무는 스스로에게 이런 질문을 던지며 자신을 알아가는 시간을 가졌다.

- 내가 정말 잘하는 것은 무엇인가?
- 무엇을 할 때 행복을 느끼는가?
- 자신의 성장을 위해 매일 어떤 노력을 하는가?
- 가정과 직장에서 해야 할 일에 어떤 기준이 필요한가?
- 행복을 느끼며 해볼 수 있는 일은 무엇인가?

이 질문에 하나씩 답하면서 임 상무는 자신은 분석적이라 상황을 잘게 쪼개 계획적으로 일할 때 행복을 느낀다는 사실을 알게 됐다. 즉 합리적 기준을 정하고 일정표에 표시해 둔 대로 실천하는 방식을 선호했다. 이런 방식을 가정에도 적용하기로 했다.

예를 들어 매달 한 번은 가족과 외식하기, 주말에 2시간씩 산책하기, 자녀들과 얼굴 보고 10분이라도 대화하기 등 큰 부담 없이 함께할 수 있는 일을 정했다. 그러고는 하나씩 실천하면서 마음의 여유를 되찾았다. 그러자 회사에서도 웃으면서 대화를 하게 됐다.

자기 관리가 되니 가정과 직장 양쪽에서 긍정적인 피드백을 받았고, 회사에서도 확실히 좋은 성과를 거둘 수 있었다.

균형감 있는 리더가 되려면 일정 시간을 확보해 자기 자신을 점검해야 한다. **'자신에게 맞는 방식'으로 일하면 좋은 에너지를 얻으면서 워라밸을 실천할 수 있다.**

표현은
질이 아닌 양

말레이시아 정부기관에서 일하는 40대 중반 여성인 수리아는 반항하는 아들 때문에 가슴이 답답하고 통증을 느낀다면서 도움을 요청했다. 그는 나름대로 아들을 위해 다양한 노력을 기울였는데도 효과가 없다 보니, 아들과 자기 자신에게 화가 나 있는 상태였다.

그동안 해온 노력을 들어보니 수리아가 아들을 사랑하는 것은 맞지만, 그의 기준에서 모든 대화를 이끌어가고 있었다. 아무리 잘난 부모도 자식에게는 단지 '내 엄마' '내 아빠'일 뿐이며 부모가 하는 말은 대부분 잔소리로 들린다. 수리아의 경우도 마찬가지였다. 아들에게 수리아의 노력은 자신의 틀에 맞추기 위한 행동으로 보일 뿐 아무런 감동을 주지 못했다.

나는 수리아에게 아들을 진정 사랑하는 마음으로 들려주고 싶은 말을 명언에서 찾아, 어떤 사족도 달지 말고 아들에게 매일 메시지로 보내라고 권했다.

그는 즉시 실행했는데 아들에게서 "왜 이런 문자를 보내요?"라는 답장이 왔다며 당황스러워했다. 그래서 당신이 노력하는 이유는 당연히 아들이 소중한 존재이기 때문일 터이니 그 마음을 그대로 계속 표현해 보라고 권했다.

나중에 아들이 보내온 답장은 "엄마 사랑해요"였다. 휴대전화에 찍힌 문자를 보여주며 환하게 웃던 수리아의 모습이 아직도 눈에 선하다.

마음의 여유를 갖고

작은 사랑을 실천해 보라.

2

우선순위가 명확하면
숨겨진 기회가 보인다

사회가 워낙 빠르게 바뀌다 보니 갑자기 조직 규모가 축소되고, 안정적이었던 일자리가 허무하게 사라지기도 한다. 그러면 10년, 20년간 한곳에서 일하며 '다음에는 저기가 내 자리가 되겠지' 하고 꿈꾸던 사람들은 허탈함을 감출 수가 없다.

경영자도 마찬가지로 한 치 앞을 알 수 없어 우왕좌왕할 때가 많다. 그럴 때면 누군가가 흘리는 정보에 온갖 촉각을 세우곤 한다. 과연 이 정보가 올바른지 파악하고 의사 결정을 해야 하는데, 가늠할 수 없어 괴롭다.

매일 여기저기서 쏟아지는 정보의 홍수 속에 우리는 혼란스러워한다. 어떤 것이 진짜이고 가짜일까? 혹시라도 나의 정보 라인은 한쪽으로 치우쳐 있지 않나?

조직의 리더는 편향된 정보를 거르고, 올바른 정보가 조직 안에 스며들 수 있도록 해야 한다. 왜냐하면 직원은 리더의 말과 행동에 매우 민감하며, 자신의 리더가 더 많은 지식과 상황 판단 능력을 갖고 있기를 기대하기 때문이다. 더욱이 정보는 한번 공유되면 다시 주워 담을 수 없으니 조심히 다루어야 한다.

위기를 숨기지 말고
공유해야 하는 이유

박 대표는 회사에서 중요한 업무를 담당하던 한 직원에게 갑자기 사직서를 받았다. 상황을 파악해 본 결과 그는 이미 창업을 준비하고 있었고, 내부 직원들을 모아 자신의 새로운 회사에 합류시켰다.

그 직원을 평소에 매우 아끼고 지원해 왔기 때문에 박 대표는 하늘이 무너지는 듯한 충격을 받았다. 게다가 그는 이미 회사의 핵심 기술과 경영에 관한 많은 정보를 가지고 있었다.

이 소식은 회사 전체에 빠르게 퍼졌다. 분위기는 당연히 엉망진창이 되었다. 처음에 박 대표는 법적 대응을 고려했으나 시간이 오래 걸릴 뿐만 아니라 잘못하면 문제를 일으킨 직원뿐만 아니라 다른 직원들도 잃게 될 것 같았다.

박 대표는 핵심 리더 7명에게 모든 상황을 솔직하게 공유하고 하나의 팀이 되자고 제안했다. 결국 3일 밤낮을 입에서 단내가 나도록 토론하며 대응 방안을 찾았다.

먼저 긴급하게 처리해야 할 일들의 목록을 작성하고, 박 대표와 리더들이 각자 역할을 분담하여 나머지 직원들이 안정을 찾을 수 있도록 지원했다.

박 대표는 직원들 앞에서 의연한 모습을 보이며 문제를 하나씩 풀어나갔다. 직원들에게 직접 설명하고 격려

하는가 하면, 할 수 있다는 자신감도 보여주었다. 또 그들의 도움이 절실히 필요함을 강조하며 요청했다.

대표의 태도가
조직의 분위기를 좌우한다

평소 그의 성격은 불같은 데가 있어서 직원들은 당연히 박 대표가 화를 내며 법적 대응을 준비하느라 회사가 상당히 시끄러워질 거라고 예상했다. 외부적으로도 회사가 어떻게 될 것이라는 온갖 루머가 돌면서 직원들의 마음도 몹시 어지러운 상태였다.

"대표님 정말 괜찮으십니까? 사실 저희는 한바탕 큰 소란이 일어날 것 같아서 걱정했는데… 어떻게 이런 식으로 일이 잘 처리되고 있는 겁니까?"

"사실 아직은 아니죠. 이제 시작입니다. 걱정이 크지만 제가 지금 소리 지르고 화를 낸다고 무엇이 달라지겠습니까? 그 직원이 회사 핵심 기술을 안다고 해서 곧바로 무슨 일을 할 수 있는 상황은 아닙니다. 우리가 빨리 이 상황을 수습하고 변화의 기회로 만들어 오히려 도약하는 발판으로 삼는 것이 최선이라고 생각합니다.

핵심 리더들과 이번 일을 논의하면서 제가 부족했던 점들을 확실히 알았고, 문제를 해결할 방법도 같이 찾았습니다. 며칠 내로 구체적인 방안을 발표할 테니 평소처럼 업무에 최선을 다해주시기 바랍니다."

며칠 후 박 대표는 약속한 대로 대책을 발표했다. 직원들과 힘을 모아 진행한 결과 계획보다 빠르게 더 좋은 성과를 얻게 되었다.

신뢰의 우물에
불신의 독을 풀지 마라

───────

진심으로 믿었던 직원에게 배신당했을 때 리더가 받는 상처는 생각보다 크다. 게다가 조직을 이끄는 리더가 사람에 대한 불신을 갖게 되면 조직에 치명적인 독이 퍼진 것과 같다. 이런 상황일수록 리더는 무엇이 더 큰일인지 저울에 달아보는 객관적인 시각을 잃지 말아야 한다. 모든 직원이 나쁜 마음을 품지는 않는다.

회사가 위기에 직면했을 때 직원들은 리더의 행동에 자신의 미래를 비춰 본다. 그러니 해결하기 어려운 위기를 만났을 때는 의연하게 대처하라. 직원들이 동요할 때 평소에 준비해 두면 보다 균형 잡힌 모습을 보일 수 있다.

인생에서 가장 큰 영광은 넘어지지 않는 것이 아니라 매번 일어선다는 데 있다.

The greatest glory in living lies not in never falling, but in rising every time we fall.

_ 넬슨 만델라(Nelson Mandela)

회사가 위기에 직면했을 때 직원들은
리더의 행동에 자신의 미래를 비춰 본다.

리더는 중재자가
되어야 한다

"드릴 말씀이 있습니다."

리더들이 괴로워하는 말 중 하나다. 늘 주어진 일에 최선을 다하며 든든했던 직원이 갑자기 그만두겠다고 하면 크게 스트레스를 받는다.

김 상무도 어제까지 열심히 일하던 장 팀장이 회사를 그만두겠다고 하여 무척 당황했다. 회사가 50년 만에 새로운 비전도 수립하고, 모두 한마음으로 새출발하려는 시점이었기에 더욱 그러했다.

일관성 있는 표현으로
오해를 줄여라

———

장 팀장에게 그만두려는 이유를 물었더니 자신이 사적인 일로 회사에 최선을 다하지 못한 것 같아 팀원들에게 미안해서라고 했다. 사실 그는 회사를 다니며 학위과정을 밟고 있어서 평일에도 업무 시간을 몇 번 사용했고, 그때마다 눈치를 보았다.

김 상무는 편하게 하라고 했지만, 편하지 않다고 했다. 워낙 강직하고 성실한 사람이라 심정은 이해되었지만, 왜 사직서까지 썼는지 정말 알 수가 없었다.

어느 날 다른 사업부장과 식사를 하며 대화하다가 원인을 알게 되었다.

김 상무가 관리하는 팀은 A, B, C 3개 팀이다. A팀은 인원도 가장 적고 팀장도 특별히 잘하는 것이 없다. 지극히 평범하게 일하는 사람이라 크게 칭찬할 일이 별로 없어서 서로가 조용히 지내는 편이다.

그에 반해 B팀은 가장 인원이 많고 팀장 스스로가 욕심이 많아서 자기가 원하는 것을 늘 표현하며 챙기는 사람이었다. 하여 자신이 원하는 대로 즉시 응대하고 나면 다시 생각할 일이 별로 없는 편이다.

그만두겠다는 장 팀장은 C팀의 리더로, 그 팀은 인원은 적지만 세 팀 중에서 가장 성과를 잘 내고 몇몇 팀원이 눈에 띄게 충성도가 높다. 팀장이 학업과 병행하면서도 최선을 다해 팀원들을 독려하며 분위기 좋게 일해서 김 상무가 칭찬을 가장 많이 했던 팀이다.

그런데 얼마 전 B팀 팀장이 불만을 제기했다. B팀의 팀원들이 상무님이 자신들보다 확실히 C팀을 좋아하는 것 같다고 하면서 차별받는 기분이라고 했다. B팀의 반응에 당황스러웠던 김 상무는 그 후 장 팀장에게 의도적으로 표현을 자제했다. 바로 그 부분이 장 팀장을 불안하게 만들었다는 사실을 알 수 있었다.

그동안 장 팀장은 회사에서 특혜를 받아 학업을 병행하는 소수의 사람이라 감사한 마음과 더불어 부담감도 갖고 있었다. 그렇기에 상사가 인정해 주는 표현에 힘을 얻어왔다. 그런데 어느 날부터 인정의 표현을 받지 못하다 보니 눈치가 보이고, 이유가 무엇인지 생각해 봐도 자신은 달라진 게 없기에 이해가 안 되었다. 그렇게 스트레스를 받다가 그만두겠다고 한 것이었다.

사태를 파악한 김 상무는 장 팀장에게 솔직하게 있었던 일을 나누며 풀었다.

리더의 일관성 있는 표현은 많은 오해를 줄일 수 있다.

3개의 팀을 똑같이 인정할 수 있는 상황이 아니더라도 리더가 명확한 기준을 갖고 있으면 비교적 쉽게 문제를 해결할 수 있다.

누구에게든 동일한 기준을 갖고 표현한다면 리더 자신과 구성원 모두의 불만을 최소화할 수 있다. 일관성 있는 표현은 신뢰를 구축하며 구성원들에게 만족감과 심리적 안정감을 가져다준다. 인간의 가장 큰 갈증은 인정에서 나오고, 그 갈증은 모두가 느끼기 때문이다.

직원 평가와 보상 체계의
기준을 세워라

CEO들이 모여 있는 단톡방에 한 제조업체의 CEO가 자문을 구했다.

"연말에 직원들에게 지급할 인센티브 산정 방법에 대해 도움을 받고자 합니다. 지금까지 매출에 따른 인센티브 및 상여금을 목표 달성 시 상반기와 하반기로 두 번 나눠서 줬는데, 개인별 공헌도는 반영하지 않고 일률적으로 지급하는 것이 잘못된 것 같습니다. 좋은 사례가 있으면 알려주세요."

대부분의 국내 기업들 특히 중소기업에서는 평가 시스템을 갖추고 인센티브를 지급하는 곳이 매우 드물다. 설사 시스템을 갖췄다 해도 수시로 이직하는 직원들 때문에 처음에 정해놓은 방식대로 하기 어려운 경우도 많다.

직원이 소수라면 한국인의 정서상 서로 어려운 이야기를 잘하지 못하고, 두루뭉술하게 넘어가고 만다. 그러나 그렇게 하면 불만이 점점 커질 수 있다.

**직원들은 자신은 열심히 일했다고 생각하고, 다른 직원
들이 일하는 것에 대해서는 매우 인색하게 평가하는 경향
이 있다.**

이런 현상을 심리학자들은 '자기중심적 편향(egocen-
tric bias)'이라고 표현한다. 심리학자 제럴드 그린버그
(Jerald Greenberg)의 실험을 보면 여러 사람과 협동해서
일하게 한 다음, 각자가 자신이 일한 기여도를 추정하게
했더니 대부분의 사람들이 자신의 기여도에 대해 과하
게 추정했다.

어떤 일이 잘되었다면 내가 성실하게 일했기 때문이
고, 다른 사람이 해서 잘된 일은 어쩌다 우연히 만들어
진 결과라고 생각한다는 것이다. 이런 이유로 자기 자신
은 급여를 많이 받는 게 당연하다고 생각하고, 나보다 급
여를 더 많이 받는 사람에게는 인색하게 굴기 쉽다. 이런
논란을 줄이려면 회사 차원에서 직원 평가 기준을 마련
해 놓아야 한다.

한편 K사는 관리 업무를 주로 하는 곳이라 직원들의

역량이 크게 차이 나지 않았다. 그래서 도덕적으로 크게 문제되지 않는 한 나이순으로 승진해 왔다.

그러나 최근 젊은 직원들이 나이순으로 승진하는 시스템에 공식적으로 불만을 표현했다. 박 실장은 25년간 근무하면서 당연시하던 것을 젊은 직원들이 대놓고 항의를 하니 어떻게 해결해야 할지 난감했다.

이런 문제는 기업마다 상황이 매우 다르기 때문에 한 가지 방법으로 해결하기는 어렵다. 다만 협의를 거친 기본적인 기준은 갖고 있어야 하며, 실행하면서 조금씩 개선해야 한다.

어떤 것을 기준으로 삼아야 할까?

회사가 가장 중요하게 여기는 가치, 사업 부서에서 가장 필요로 하는 역량 등 다섯 가지 이내의 기준을 정한다. 그 평가 요소와 배분율을 리더와 구성원이 함께 논의해 1년 단위로 실행해 볼 수 있다. 기준이 있어야 소모적인 갈등을 줄일 수 있다.

일을 그르치지 않는
사전 질문법

30대 초반의 서 대리는 3개월 전 자신이 맡은 프로젝트에 최선을 다하느라 온몸이 망가질 정도가 되었다. 입술에 물집을 계속 달고 다녔고, 두통약을 복용하며 버텨 온 3개월이었다.

그런데 이틀 전 그동안 진행해 온 일에 대해 사전 프레젠테이션을 하고 나서는 너무 좌절한 나머지 단 1분도 사무실에 있고 싶지 않았다. 미련 없이 사표를 던지고 나오고 싶은 생각만 가득했다.

사실 일이 진행되는 동안 그는 직속 상사인 최 과장, 이 차장과의 소통이 가장 힘들었다. 그들이 원하는 바를 듣고 프레젠테이션 자료를 수정하는 과정에서 최 과장이 좋다고 승인한 것을 이 차장이 마음에 들어 하지 않아 또 다른 의견을 내놓는 일이 자꾸 일어났다. 서 대리는 누구의 장단에 춤을 춰야 하는지 알 수가 없었다. 서로 대화도 하지 않는 상사들 때문에 그 사이에서 일을 진행한다는 것 자체가 너무도 지난했다.

두 상사는 마치 화성과 금성에서 온 사람들 같았다. 어떻게 그렇게 서로 정반대의 시각을 갖고 있는지 정말 맞추기 힘든 상황이었다. 그럼에도 서 대리는 최선을 다해 두 명의 상사가 내놓은 의견을 절충해서 자료를 만들었다. 그렇게 준비한 프레젠테이션 자료를 보고했을 때 상사들이 그런대로 만족한 듯 보였고, 일이 잘되었다고 생각했다.

그러나 프레젠테이션 발표 후에 상사들의 반응은 너무도 예상 밖이었다. 서 대리는 자신이 바보가 된 듯한 생각이 들었다.

왜 이런 일이 벌어졌을까?

두 상사 중 어느 쪽이 옳았든 간에, 결과적으로 서 대리와 두 상사 모두 이번 프로젝트에서 실패했다. 이렇게 조직원 사이의 의견 대립 때문에 일을 그르치지 않기 위해서는 어떻게 해야 할까? 다음 질문을 미리 생각해 보기 바란다.

- 이 프로젝트를 무엇 때문에 하는가?

- 이 프로젝트를 통해서 무엇을 얻고 싶은가?

- 이 일을 성공시키기 위해 누구를 연계해야 하는가?

- 한 방향으로 의견을 모을 기회를 언제 만들 것인가?

- 문서 또는 공식화하기 전 최종 점검은 언제 할 것인가?

어떤 일이건 기본적으로 큰 그림을 먼저 그려본 후 연계성을 파악하고 일을 해야 한다. 그래야 자신이 노력한 시간에 대한 값진 보상을 받을 수 있다.

리더는 길을 아는 사람, 길을 가는 사람, 그리고 길을 보여주는 사람이다.

A leader is one who knows the way, goes the way, and shows the way.

_ 존 맥스웰(John Maxwell)

삶의 기준을
세워라

"어렵게 다시 일을 시작해서 이제 출근한 지 1년이 되었습니다. 그런데 제가 일을 한다는 게 갈등의 불씨가 될 줄은 몰랐습니다."

상담을 의뢰한 A사 정 과장은 직장에서 능력을 인정받고 있으며 일 욕심도 많다. 그러나 늘 "죄인 같은 기분이 든다"라고 고백했다.

"사실 제가 좀 일찍 퇴근하는 편이라 상사의 눈치가 보입니다. 회식 한번 제대로 참석할 수 없으니 일을 아무리 잘해도 직원들과의 관계에서 분명 좋은 평가를 받을 수 없겠죠. 그런데 아이들의 풀 죽은 모습과 남편의 짜증을 생각하면 저도 힘드네요."

아이들 때문에 2년간 직장을 쉰 경험이 있는 그는 재취업에 성공해서 자부심을 갖고 있지만, 직장 내 관계와 가족과의 불화로 무력감을 느낀다고 고백했다.

양손에 다 쥐고 있으면
놓치기 쉽다

실제로 일하는 엄마에게 이런 토로를 흔히 듣는다. 이들은 항상 가장 바람직한 방법이 뭐냐고 나에게 묻는다.

내 대답은 간단하다. 모든 사람의 형편은 다르다. 우선 절대로 남과 비교하며 힘들어하지 말기 바란다. 어떤 상황에서든 자신이 갖고 있는 가치관에 따라 행동하는 것이 가장 중요하다. 아무리 복잡한 문제도 거기에서 실마리가 풀린다.

먼저 자신의 가치관에 따라 해야 할 일의 우선순위를

정하라. 그다음 자신이 가치 있다고 생각하는 것을 이루기 위해 실행에 옮겨라. **동시에 두 가지를 다 잘하기란 쉽지 않다. 무엇을 더 소중히 여기는지 결정하고, 나머지는 어느 정도 포기해야 한다.**

나는 '기준'이라는 단어를 자주 사용한다. 삶에서 자기 기준을 정한다는 건, 인생에서 절대 포기할 수 없고 희생할 수 없는 영역을 확실하게 정하고, 그것을 지키는 일이다.

살면서 수많은 변수를 만나는데 그때 자신만의 명료한 기준이 없으면 누군가의 작은 목소리, 몸짓 하나에도 스트레스를 받으며 부정적으로 될 수 있다.

예를 들어 '절대로 다른 사람 또는 조직에 해가 되는 일을 하지 않는다. 부도덕한 행동은 하지 않는다. 이 세상의 주인공은 나 자신이기에 어떤 상황에서도 절망하거나 비교하지 않는다'라는 확고한 기준이 내면에 서 있으면 어떤 일이든 빨리 극복할 수 있다.

당신 삶의 기준은 무엇인가?

충분히 생각한 후 결정하라.

그러고는 뒤돌아보지 마라.

로켓에는 백미러가 없다.

비교하지 말고
초점을 나에게 맞춰라

한 연구에 따르면 리더가 구성원을 존중할 때 조직 만족도와 집중력이 크게 향상되며 서로 정보를 공유할 의향도 50% 높게 나왔다. 반면 성과가 좋아 승진한 경우에도 정작 직원들의 협조를 받지 못하면 어느 순간 버림을 받고 만다.

그렇다면 조직에서 끝까지 살아남는 사람은 누구인가? 바로 따뜻한 배려와 상대방을 진심으로 인정하는 사람이다. 그런 대표적인 존재가 엄마가 아닌가. 엄마라는 말만 들어도 따뜻함과 무엇이든 보듬어줄 것 같은 느낌을 받는다.

태어난 나라를 모국(mother land)이라고 표현한다. 인터넷에서 이민 갔던 나라에서 다시 돌아오는 신세를 적은 글을 보았다. "그래도 돌아갈 내 나라가 있다는 것이 감사하다"라는 문구를 보며 마음 한구석이 찡했다.

여성 전문가들에게 강의할 때 했던 말이 있다.

"여러분, 남성과 비교하지 마세요. 우리가 여성으로서 잘할 수 있는 것에 초점을 맞춥시다. 왜 가정에서 가장 많이 부르는 단어가 '엄마'일까요? 엄마라는 말만 들어도 눈시울이 뜨거워지는 이유는 무엇일까요?

그것은 바로 어떤 상황 속에서도 나를 가장 잘 이해해주고 보듬어주며 내 편이 되어줄 것이라는 믿음이 있기 때문입니다. 가정을 가진 여성들은 조직에서 일하는 데 확실히 불리합니다. 가정을 돌보는 일에서 여전히 많은 부분을 여성의 몫으로 여기니까요.

그러면 조직 내에서 일 중심으로 일하는 남성들이 한 축을 담당하고, 여성들이 인간 중심의 축을 담당해서 서로 조화를 이루고 있다고 생각하면 어떨까요? 내가 못한 것을 남성이 좀 더 일에 시간을 할애해서 성과를 냈으면 그에 대해 감사와 인정의 표현을 하세요. 그게 서로 돕는 길입니다.

그리고 **남성이 보지 못한 인간적인 측면을 돌보는 이유는 내가 그 일에 가치를 두기 때문입니다. 자신의 가치를**

스스로에게 확실히 부여하며 자신감을 갖고 일할 때 시너지를 낼 수 있습니다."

인간은 합리적이고 이성적으로 판단한다고 생각하기 쉽지만, 사실 인간은 감정에 따라 판단하는 일이 더 많다. 감정이 여러 형태의 판단이나 의사 결정에서 정신적 지름길로 작용하는 현상을 감정 휴리스틱(affect heuristic)이라고 한다. 감정 휴리스틱은 조직의 성과 창출에 확실히 영향을 미친다.

또 다른 사례도 있다.

장 대표는 남성 부사장이 직원들과 대화할 때마다 터치하는 습관이 있어 지적하고 주의를 줬다. 그런데 그 말을 듣고도 그가 계단을 올라가면서 무심코 여성 직원의 팔을 건드리며 대화하는 것을 목격했다. 직원은 불쾌한 표정을 짓고 있었다.

장 대표의 회사는 남녀 비율이 60대 40이고, 이제 여성 중간 관리자들도 몇 명이 있어서 안 좋은 일이 생길까 걱정되었다. 그래서 이번에는 여직원들을 다 불러서 교육을 했다.

"상대방이 정말 의도를 가지고 할 수도 있고, 어떤 경우는 무의식적으로 할 수도 있습니다. 어떤 경우든 먼저 확실하게 의사를 표현해야 합니다. **속으로만 불편해하고 내색하지 않으면 상대방은 모릅니다.** 불편하면 확실하게 나는 이런 식으로 하는 것이 정말 싫다고 표현하세요. 서로 명확해야 나중에 큰 탈이 없습니다."

이런 문제를 먼저 공론화한 것은 지혜로운 대처였다고 생각한다.

중요한 것은 남녀 서로가 신뢰하지 않으면 절대로 성과를 만들어낼 수 없다는 사실이다. 모든 것이 한쪽으로 치우치면 기울게 마련이고 사고로 이어진다. 성과는 혼자서 창출할 수 없다. 관계 속에서 행동 변화를 잘 이끌어내야 가능하다.

지금은 한 단계 더 성숙한 사회로 가는
균형을 잡는 시기다.

통제할 수 있는 일과
없는 일을 구분하라

지금은 아무리 똑똑한 사람이라도 '앞으로 어떻게 해야 기업이 살아남을 수 있을까?'라는 질문에 즉시 답을 할 수가 없는 시대다. 누구도 겪어보지 못한 변화의 소용돌이 한가운데 있기 때문이다.

글로벌 경영컨설팅회사 AT커니의 폴 로드시나(Paul Laudicina) 명예회장은 우리나라에 대해서 "한국은 여전히 샌드위치 상황이고 선진국은 물론이고, 저렴한 노동력과 최신 설비를 앞세워 한국을 위협하는 중국과 인도를 이기기 어렵다"라고 했다.

아울러 "기술 변화가 기업의 명운을 결정하는 시대에 기업의 혁신과 경쟁력은 '변화 적응 속도'에서 나온다"라고 했다. 어떻게 기업이 살아남을 수 있는지는 쉽게 답할 수 없지만, 한 가지 분명한 것은 시대를 잘 읽고 그에 맞춰 빠르게 변화하고 적응해야 한다는 사실이다. 변화에 적응하는 속도를 높이려면 무엇을 해야 하는가?

우유부단함을 끊어내는
4가지 질문

제조업체를 운영하는 김 사장은 국내 시장에서의 매출은 한계가 있음을 깨닫고 일찍부터 해외로 진출했다. 덕분에 자동차부품사업 분야에서 나름 탄탄한 재무 구조를 만들었다.

회사는 겉으로는 잘나가는 듯 보였지만, 사장으로서 그는 위기의식 때문에 불안한 나날을 보내고 있었다. 이유는 직원들이 매너리즘에 빠져 있어서였다. 20년 동안

단 한 번도 급여를 밀려본 적 없고, 매년 인센티브도 꼬박꼬박 주었다. 그러다 보니 아무리 변화를 강조해도 직원들은 자기들 밥상만 확보하려고 일부러 천천히 잔업수당을 챙기며 일했다.

게다가 오래된 직원들은 일 잘하는 젊은 직원이 오면 괜한 트집을 잡고 괴롭히는 등 자기 일자리를 뺏는 존재로 여기며 오래 근무할 수 없는 분위기를 만들었다. 김사장은 이 사실을 알면서도 어려울 때 함께 일했던 사람들이기에 참아왔지만, 이제는 도를 넘는 것 같아 결단을 내리고 싶었다.

그러나 그는 천성이 착하고 부지런한 사람이었다. 자신이 직접 움직여서 영업을 해온 사람인지라 국내에 있을 때는 걱정을 하다가도 해외에 나가면 그만 잊어버리고 또 열심히 영업을 했다. 그러다가 국내에 들어오면 또다시 같은 고민에 시달렸다. 임원들도 권한을 확실하게 위임받지 않았기 때문에 매번 반복되는 상황에 손을 놓고 말았다.

이 회사가 계속 경쟁력 있는 기업으로 발전하기 위해

서는 어떻게 해야 할까?

가장 먼저 경영자가 중심을 잡아야 한다. 김 사장은 누구에게든 자기 사업의 비전에 대해 확실하게 말할 준비가 되어 있어야 한다.

첫째, 이 사업을 하는 궁극적인 이유가 무엇인가?

조직에 대한 사명감이 확실해야 기준점이 선다.

둘째, 지켜야 할 것과 버려야 할 것은 무엇인가?

회사의 핵심 가치를 가지고 판단해야 한다. 어떻게 해야 변화에 적응하는 속도를 높일 수 있을까?

셋째, 목표를 하나로 모으려면 무엇을 해야 하는가?

회사 상황에 적합한 교육, 코칭, 컨설팅을 통해 업무 효율을 높이고 실행할 수 있도록 한다.

넷째, 정해진 방향으로 먼저 솔선수범할 수 있는가?

김 사장의 경우 먼저 임원들과 한마음으로 의견을 모

으고 정해진 방향으로 나아가기 위해 철저히 권한 위임을 해야 한다. 임원들이 확신을 갖고 실천할 때 직원들이 움직일 것이다.

SAP의 조사에 의하면 한국 기업의 임원들은 글로벌 기업의 임원들에 비해 변화와 유연성에 대한 대처가 약하다고 나왔다. 한 치 앞도 알 수 없는 불확실한 상황을 기회로 만들기 위해서는 경영진의 유연성이 반드시 필요하다. 물론 유연성은 서로의 믿음이 바탕이 될 때 나온다.

리더라면 위의 네 가지 질문에 언제든, 누구에게든 답할 수 있게 준비해 두어야 중심을 잃지 않는다.

외부 위기가 닥쳤을 때
3가지 대응책

K사 이 상무는 입사 23년 만에 임원이 되어 매우 만

족스럽게 직장 생활을 하고 있었다. 그런데 정부의 규제 정책이 새로 생기면서 조직 내 분위기가 매우 뒤숭숭해졌고, 직원들도 갈피를 잡지 못했다. 지금까지 자신은 대기업에 입사한 것과 임원이 된 것에 자부심을 갖고 있었다. 그런데 이런 외부적인 위기가 생기자 '왜 우리에게 이런 일이 일어났나' 원망하며 시간을 보냈다. 직원들도 전반적으로 의기소침해졌고, 그런 분위기에서는 해야 할 일이 손에 잡히지 않았다.

이렇게 외부적인 요인으로 예기치 않은 위기가 닥쳤을 때, 리더는 무엇을 해야 할까? 리더가 해야 할 일을 세 단계로 나누어 살펴보자.

첫째, 통제할 수 있는 일과 없는 일을 구분한다

먼저 내가 변화시킬 수 있는 일과 없는 일을 명확히 구분한다. 예를 들어 정부 정책은 개인의 통제 밖에 있다. 이때 리더는 자신이 통제할 수 있는 일에 대해서만 생각해야 한다. 가령 우왕좌왕하며 목표를 잃은 구성원들에게 동기부여를 할 수 있는 방법을 고민해 본다.

둘째, 나 먼저 즐겁게 생활한다

어차피 외부적인 일은 변화시킬 수 없으니 사고를 바꾸어 자신부터 즐겁게 생활한다. 내가 먼저 즐겁게 조직 생활을 해야 다른 직원들의 사고도 바뀔 수 있다.

이때 자신도 동기부여가 되기 위해서는 새로운 삶의 목표를 정한다. 3년 후, 5년 후에 내가 원하는 목표가 무엇인지 정하고, 새로운 목표를 위해 최소한 주 1회 그 일에 시간을 투자해 본다. 내가 통제할 수 있는 작은 일을 시도하다 보면 스스로 힘도 생기고, 다른 직원들에게 나눠줄 에너지도 얻을 수 있다.

셋째, 지속할 수 있는 작은 약속을 실행한다

공식화된 일정 외에는 직원들과 별다른 교류를 못하더라도 출근 인사를 잘 해본다. 출근하면서 바로 자기 방으로 들어가지 말고 직원들과 눈인사, 하이파이브 등을 하며 밝은 목소리로 인사하면 자신의 매너리즘 극복에도 도움이 되고, 조직에도 긍정적인 힘을 불어넣을 수 있다.

아무리 큰 파도라도
올라타면 기회가 된다

유 사장은 16년째 사업을 하면서 요즘처럼 힘든 적이 없었다. 수억 원을 들여 제품을 개발했다. 이제 막 제품이 소비자에게 알려지는 시점에 일이 벌어졌다.

"출시된 지 1년 된 우리 제품을 중국에서 본따 만들어 저가 공세를 퍼붓고 있었습니다."

김 사장은 이미 담보 잡힐 것은 다 잡혀 있고 더 빼낼 자금도 없는데, 숨이 막힐 지경이라며 한숨을 쉬었다.

요즘 언론에는 우리나라 경제 위기론과 더불어 문 닫는 중소기업과 생산 라인이 멈춘 곳이 많다는 보도가 나온다. 그동안 중국이 우리 수출 시장의 주무대였는데, 중국이 성장하는 동안 한국이 주력 산업의 경쟁력을 키우지 못한 문제와 미국의 통상 압박 등으로 사면초가가 되어버린 것이다.

비슷한 사례를 K사 박 사장에게도 들었다. 연 매출

200억 원 규모의 이 회사는 최근 중국의 물량 공세가 쏟아지는 데다 선진국의 기술력을 따라가지 못해서 여러 가지로 고민이 많았다. 그러던 차에 박 사장은 최근 다른 업체로부터 M&A를 제안받았다. 처음에는 기회인 것 같아 추진하려고 마음먹었다.

그런데 점점 자신이 없어졌다. K사의 매출은 그동안 박 사장이 직접 발로 뛰어다니며 다양한 제품을 주문자 생산방식으로 만들어서 이룬 것이었다. 그러니 실제로는 K사만의 핵심 기술이 없었다.

더욱 슬프게도 회사 내부에 이런 속사정을 이야기하며 의논할 대상이 아무도 없었다. 평소에 그는 사장이 무엇이든 다 책임지고 감당해야 한다고 생각하며, 그날의 일에 충실할 뿐 그 이외의 것은 생각할 겨를도 없이 살아왔다. 현재 임원으로 있는 사람들도 중소기업 출신이다 보니 큰 기업의 시스템을 경험한 적이 없어 조언을 구할 수도 없었다.

고심 끝에 박 사장은 이번 M&A 기회는 포기하기로

했다. 아울러 그동안 성실성과 엄청난 노력으로 여기까지 왔지만, 더 이상 그것만으로 통하는 세상이 아니고 엄청난 변화가 필요함을 통감했다. 그래서 이제부터는 당당히 시장에 내놓을 수 있는 제품을 철저하게 준비하겠다는 야심찬 결론을 내렸다.

이에 그는 함께 일하는 직원들을 믿고, 현 상황을 더 자세히 설명하며 협력하는 분위기를 조성했다. 똑똑한 한 명의 아이디어보다 평범한 여럿이 모였을 때 훨씬 좋은 아이디어가 나온다고 믿고 직원들과 함께 이 위기를 극복하기로 마음을 돌린 것이다.

미래학자 최윤식 박사의 말이 떠오른다.

"위기의 파도와 기회의 파도는 다르지 않다. 파도의 너울이 아무리 커도 잘 올라타면 기회가 되고, 아무리 작아도 제대로 통제하지 못하고 휩쓸리면 위기가 된다."

위기 상황을 그대로 맞이할 것인가? 기회로 만들 것인가?

리더가 상황에 위축되는 순간 성장의 기회는 날아간

다. 어려운 상황이더라도 혼자 해결하려 들지 말고 내부 구성원들을 인정하며 그들과 함께 방법을 찾아보자.

용기 있는 리더가

위기를 기회로 만들어낸다.

위험은 자신이 무엇을 하는지 모르는 데서 온다.

Risk comes from not knowing what you're doing.

_ 워런 버핏(Warren E. Buffett)

6

리더의 귀는
활짝 열려 있어야 한다

중소기업을 오래 이끌어온 분들을 만나서 대화를 하다 보면 이런 말을 흔히 듣는다.

"내가 이 분야에서는 제일 많이 알고 있습니다."

"아무도 하지 않은 것을 내가 개척해 왔어요."

"나보다 더 잘 아는 사람을 주변에서 본 적이 없어요."

중소기업을 20년 정도 유지해 온 최 대표도 그런 케이스였다. 그는 현재 회사가 어려움에 처해 있는데, 자신만 고민할 뿐 직원들은 개선 방법을 찾을 생각도 안 한다며 속상해했다.

내가 제일
잘 안다는 착각

"왜 직원들이 개선 방법에 대해 전혀 생각을 하지 않을까요?"

내가 이렇게 질문하니 자기도 그 이유를 정확히 모르겠다고 하면서 나에게 한 시간 동안 자신이 얼마나 많은 일을 해왔으며 그 분야에 대해 얼마나 잘 알고 있는지를 거의 혼자 이야기했다.

우리나라에서 창업 후 30년 이상 이어온 기업은 2%밖에 안 된다. 최 대표도 20년을 버티었으니 정말 잘해온 것임에는 틀림없다. 그러나 그는 지금 중요한 한 가지를 보지 못하고 있었다.

20년을 넘어 30년 이상 회사를 지속하기 위해서는 **자신만이 그 회사에 대해서 가장 잘 알고 있고, 다른 사람들은 애사심도 없고 아이디어도 없다는 생각부터 버려야 한다.**

지금 우리가 살고 있는 시대를 뷰카(V.U.C.A.)라고 부른다. 즉 변동성(Volatility), 불확실성(Uncertainty), 복잡성(Complexity), 모호성(Ambiguity)이 그 특징이다. 이런 시대를 살면서 리더가 스스로를 과신하는 오류를 범해서는 곤란하다. 지혜롭게 자신의 과거 경험과 새로운 세대의 아이디어와 방법을 접목해야 한다.

자기 확신에 너무 차 있으면 다른 좋은 의견이 담기지 못하고 쏟아지고 만다. 술을 70% 넘게 담으면 모두 흘러나가는 잔 '계영배'처럼 자신의 지식과 경험을 지나치게 믿다 보면 다른 사람들의 의견에 귀 기울이지 않고 무시하는 경향이 생긴다.

지금까지 잘해왔더라도 장수 기업이 되려면 귀를 열어야 한다. 귀를 열고 고통스러운 혁신의 시간을 가져야 한다. 장수 기업들은 하나같이 특별한 점이 있는데, 모두 '솔개'와 같은 과정을 거쳤다.

일설에 따르면 솔개의 수명은 70년으로 다른 조류에 비해 매우 길다고 한다. 이 수명은 거저 주어지는 것이 아니다. 솔개는 보통 태어난 지 40년이 되면 죽는데, 이때 죽지 않으려면 6개월에 걸쳐 고통스럽게 자기 몸을 쪼아서 새로운 부리, 발톱, 깃털을 얻고, 그때부터 30년의 수명을 더 누리게 된다는 것이다. 결국 엄청난 진통을 겪어낸 솔개만이 70년을 산다는 이야기다.

최 대표도 이제 자신을 제대로 마주해야 한다. 자기확신에 가득 찬 모습을 깨닫고 비울 때가 되었다.

대표에게 정보가
전해지지 않는 이유

조직원들이 어떤 생각을 갖고 있는지 리더가 잘 알면 위기를 지혜롭게 넘길 수 있다.

A기업은 계속되는 불황으로 적자 폭이 점점 커지자 노 대표는 정책을 자주 바꾸고, 담당자도 계속 교체했다. 과거 20년 동안 업계 5위 안에 들면서 자부심을 갖고 경영했지만, 적자가 3년 동안 이어지니 노 대표의 마

음은 불안해졌다. 그의 불안함 때문에 회사는 단기적 성과를 내는 데 온통 초점이 맞추어졌다. 임원이 6개월 내에 성과를 못 내면 바로 내보내기도 했다. 올해도 동일한 상황이 벌어져서 한 임원을 퇴사시켰다.

그러나 이번에는 주변에서 너무도 안타까워했다. 왜냐하면 약간의 문제가 있었으나 큰 틀에서 봤을 때 3개월만 더 기다리면 긍정적 결과가 나올 거라고 다들 전망했기 때문이다. 하지만 그런 상황을 누구도 발언하지 않았고, 노 대표는 그 사실조차 몰랐다.

조직 내에서 최고경영자나 상사 앞에 서면 자신이 옳다고 믿는 생각조차 잘 표현하지 못하는 사람들이 있다.

이유가 무엇일까? 권위자의 말을 따르려는 경향이 있어서다. 세계적으로 경제학자는 100만 명이 넘는다고 한다. 그러나 경제위기를 정확히 예측한 사람은 단 한 명도 없었다. 그럼에도 우리는 전문가의 말에 귀 기울이고 그들의 말을 믿고 싶어 하지 않는가.

이 세상 그 누구도 완벽하게 미래를 예측하고 올바르

게 판단할 수는 없다. 정말 조직을 사랑한다면 권위자의 판단에 오류가 있을 때, 반대 의견을 던져서 다양한 측면을 보고 판단할 수 있도록 도와야 한다.

동일한 이유로 리더 또한 사람들이 속으로 무슨 생각을 갖고 있는지 언제나 귀를 활짝 열어놓고 있어야 한다.

집단지성으로 함께 성장하는
5가지 방법

워크숍에서 한 분이 질문을 하다가 눈물을 흘리며 말을 잇지 못했다. 그분의 아픔을 직감한 몇 분이 공감하며 자신의 경험들도 나누자 결과적으로 모두가 만족하며 서로 고마워했다.

미디어 철학자인 피에르 레비(Pierre Levy)는 집단지성(Collective Intelligence)을 '어디에나 분포하며 지속적으로 가치가 부여되고 실시간으로 조정되며, 실제적 역량으로 동원되는 지성'이라고 정의했다. 지금은 그 어느 때보다 집단지성이 요구되는 시대다.

집단지성은 사람들끼리 개방적으로 참여하고, 다양성을 존중하며, 정체성을 인정하고, 집단 내 상호작용을 통해 지속적으로 발전 가능한 방식을 말한다. 집단지성이 효과적으로 활용되려면 어떻게 해야 할까.

- 상대방의 제안에 대해 즉시 감사와 인정을 표현한다.
- 새로운 방법과 원칙을 만들어 함께 동참한다.
- 권위의식에서 벗어나 자유로운 분위기를 형성한다.
- 상대방 입장에서 경청하고 열린 질문을 한다.
- 진행될 일에 대해서 명확하게 정리하고 피드백한다.

뛰어난 개인이라도 변화의 속도를 따라가기 어려운 시대라는 점을 명심하자.

각자가 가진 다양한 역량을 모아
집단지성을 활용해 함께 성장해 보자.

뛰어난 개인이라도 변화의 속도를

따라가기 어려운 시대다.

그러나 집단지성을 활용하면 서로를 보완할 수 있다.

_ 피에르 레비(Pierre Levy)

나누는 리더

선한 영향력을 확장시켜라

만약 누군가를 당신의 편으로 만들고 싶다면, 먼저 당신이 그의 진정한 친구임을 보여주어라.

If you would win a man to your cause, first convince him that you are his sincere friend.

_ 에이브러햄 링컨(Abraham Lincoln)

인간의 가장 큰 행복 중 하나가 나눔이다. 나눔 자체가 여유를 갖게 하기 때문이다. 자신이 무엇인가 나눌 수 있다고 생각하면 긍정적인 감정이 유발된다. 조직에서 리더가 나누는 자세를 가지면 구성원들의 마음이 편안해지고 행복한 조직 문화가 형성될 수 있다. 더불어 자연스럽게 리더 자신의 사회적 네트워크도 확장된다.

그런데 생각보다 나누는 자세를 가진 여유 있는 리더
가 잘 보이지 않는다.

요즘은 제일 늦게까지 야근하는 사람이 팀장인 경우
가 많다. 워라밸 문화로 팀원들은 정시에 퇴근하지만 팀
장은 그럴 수가 없어서다. 할 일은 정해져 있는데, 팀원
의 업무까지 살피다 보면 정작 자신이 맡은 업무는 밀려
있다.

그런데 회사에서는 팀장에게 직원들을 잘 돌보고 많
은 것을 나눠주라고 말한다. 이런 상황에서 팀장으로서
는 자신의 일을 잘 마무리하는 것 이상은 무리라며, 나
눈다는 생각 자체를 아예 하지 않는다.

나눔을 실천하는 것에 대해 무언가를 많이 가지고 있거나 잘 알고 있을 때, 시간을 내야 할 수 있는 것이라고 생각하면 안 된다. 게다가 실무에 대한 지식이나 정보가 얕고 현재 처한 상황이 힘들면, 다른 사람이 가진 것을 실제보다 크게 보면서 자신에게 나눌 것이 있다는 생각조차 하지 못한다.

스스로를 부자라고 생각하면 나눌 수 있지만, 빈자라고 생각하면 나눌 수 없다는 사실을 기억하라.

A사 박 그룹장은 자신만 50대 초반이고, 구성원들이 거의 MZ세대로 구성되어 있는 마케팅 부서로 발령받았다. 전에 5년간 근무했던 곳은 상사가 더 많았고 모두

늦게까지 열심히 일하는 분위기의 전략 부서였다. 그러다 보니 현재 있는 부서에서 일어나는 현상이 도무지 이해되지 않았다.

시간 외 근무는 법적으로도 안 되므로 일이 아무리 많아도 야근하자는 말도 못 꺼낸다. 게다가 생소한 파트에 온 만큼 일이 돌아가는 상황에 대해 더 알고 싶고, 시도하고 싶은 것이 많은데, 팀원에게 도움을 요청하는 것도 쉽지 않았다.

이런 상황에서 상사는 가슴을 더욱 답답하게 하는 말을 덧붙였다.

"박 그룹장의 창의력을 발휘하여 새로운 방향을 제시하고 실행해 보세요. 믿고 다 맡기겠습니다."

박 그룹장은 말 그대로 총체적인 난관에 처했다. 그런데 4개월 뒤, 그는 부쩍 환해진 모습으로 일하고 있다. 비결이 무엇이었을까?

완전히 다른 환경에서 일하게 된 그의 대처법은 이러했다.

우선 솔직하게 자신의 장담점을 구성원들에게 말했다. 단점은 이 분야에 대해 잘 모른다는 것이고, 장점은 전략실에서의 경험으로 큰 그림을 볼 줄 안다는 것, 그룹에 아는 인맥이 많아 업무상 필요한 사람들과 연결시켜줄 수 있다는 것이었다.

그리고 자신이 업무에 빨리 적응할 수 있도록 도와달

라고 공식적으로 요청했다.

이후로는 일주일에 세 번 일대일로 구성원들과 돌아가며 점심을 같이 했다. 그러면서 그들의 생각과 현재 고민거리 등을 파악하고 세심하게 보살피는 시간을 가졌다.

스스로도 부정적인 생각이 떠오르면 버리려고 노력했다. 불투명한 미래에 대해서도 낙관적인 생각과 태도를 취하려고 애썼다.

이렇게 한 달을 지속적으로 노력하니 처음에는 서먹하게 느껴졌던 팀원들과 자연스레 가까워졌고, 두 달이 되면서는 서로를 믿고 기대는 느낌도 갖게 되었다. 업무 내용을 파악할 때도 방어적이거나 당황하지 않고, 편안한 마음으로 이해하려는 태도가 우러나왔다.

아직은 시작에 불과하지만 박 그룹장의 솔직하고 여유 있게 나누는 태도는 초변화 시대에 귀감이 된다.

리더의 나누는 태도가 미치는 영향력은 정말 크다. 직원들의 자발성이 올라가며 자존감도 높여준다. 나누는 리더가 될 때 조직은 자연스럽게 성과가 향상되며 리더 자신의 행복 지수도 높아지고 리더십도 오래 지속될 수 있다.

리더는 자기 자신을 위해서도 나누는 태도를 가지면 좋다. 나누는 행동 자체가 자기 인생을 더욱 풍요롭게 하며, 타인을 돕는 행위가 스트레스를 줄여주고 더 큰 행복감을 느끼게 해준다는 사실은 이미 증명되었다.

나누는 리더는 급격한 변화나 위기 상황을 만났을 때, 먼저 마음의 여유를 만든다. 리더니까 모든 걸 알아야 한다고 생각하지 않고, 실무를 잘 아는 직원과 면담을 하면서 도움을 요청한다.

이때 그 직원의 설명을 듣고 진심으로 노고를 인정하며 도움이 되었다며 감사의 표현도 잊지 않는다. 그러면 그 직원은 자신감을 갖게 되고, 리더 역시 자연스럽게 업무 파악이 되어 일석이조의 효과를 볼 수 있다.

나는 이런 상황을 '마음과 시간의 나눔 효과'라고 표

현하고 싶다. 리더라면 진심으로 상대방을 생각하며 사안에 따라 10분, 30분, 1시간 정도로 구분한 뒤 내 시간을 할애해서 대화해 보자. 짧은 시간으로도 일에 도움이 되고 감사하는 마음도 서로 나눌 수 있다.

이번 장에서는 리더는 무엇을 나눌 수 있고, 나누어야 하는지 살펴보려고 한다. 리더가 어떤 마음을 나눌 때 자신과 조직 전체가 함께 좋아지는지 알아보자.

현재 나누는 삶을 살고 있는가?

내가 나눌 수 있고,

나누고 싶은 것은 무엇인가?

*Leadership
Changes
Organizations*

1
조직의 힘은
어디에서 나오는가

윤 사장은 영업 직원을 믿고 차와 법인카드를 제공했다. 그런데 어느 날 10년 근무한 차장이 진지한 얼굴로 찾아와 이야기했다. 내용인즉 그 영업 직원이 차와 법인카드를 개인 용도로 많이 사용한 걸 다른 직원이 알게 됐다는 것이다. 그는 여전히 자주 편법을 쓰고 있는데, 사장만 잘 모르고 있다고 했다.

"사장님 직원들 너무 믿지 마세요. 그러지 말라고 말했는데도 안 고치고 계속 그런 행동을 해서 더는 안 되겠기에 말씀드립니다. 저도 직원인데 이런 말씀드리는 게 쉽지 않습니다. 이런 친구가 겉으로 포장되어 인정받는 조직이라면 다른 친구들도 죄의식 느끼지 않고 그렇게 행동할 테니까요. 요즘 상황도 좋지 않은데, 서로 믿고 단합을 해도 될까 말까 할 판에 미꾸라지 한 마리가 물을 흐리게 둬서는 안 된다고 봅니다."

결국 사람이
조직의 자산이다

────────

윤 사장은 20년간 제조업을 하면서 다양한 직원들과 만났고, 어이없는 일을 한두 번 겪은 것도 아니다. 그런데 이런 일이 있을 때마다 자신이 존재하는 이유를 모르겠고 혼란스럽다고 털어놓았다.

윤 사장이 이런 이야기를 꺼내니, 함께 있던 다른 분이 말했다.

"그래도 사장님은 행복한 분이시네요. 속인 친구 한 사람만 보면 당연히 실망스럽지만, 다수의 강직한 직원들이 있다는 얘기가 아닙니까! 내 회사처럼 생각하지 않았다면 상관하지 않았을 텐데, 자기 일처럼 생각하는 그런 직원이 있다니! 여기 계신 분들 중에서 회사에 이렇게 말할 수 있는 직원이 몇 명이나 있나요? 진짜 귀한 직원 만나신 겁니다."

"그렇게 보니 제가 행복한 사람이 맞네요. 사실 여기까지 올 수 있었던 이유는 애사심을 가진 직원들 덕분이었거든요. 티 내지 않는 그 직원들 때문에 고비고비 넘겼습니다. 감사하는 마음을 먼저 가져야겠습니다!"

리더라면 한번 자문해 보아야 한다. 조직의 힘은 어디에서 나올까? 직원들에게 감사하는 마음을 가지는 게 먼저다. 그 기반 위에 상호 신뢰가 형성될 수 있다.

직원들과 신뢰를 쌓는
6가지 비결

창업한 지 30년 된 시화공단의 한 대표에게 들은 말이다. 창업 후 10년이 지난 어느 날, 회사에 어려운 상황이 벌어졌는데, 더 이상 지탱할 힘조차 남아 있지 않아서 눈을 감아버리고 싶었단다. 최악의 결단을 하려는 순간 믿고 따르겠다는 직원들 덕분에 마음을 돌렸다고 했다.

그는 평소에 "항상 함께하자! 우리는 할 수 있다! 나는 너희들을 믿는다!"라는 말을 자주 했는데, 결정적인 순간에 직원들에게서 그런 말을 되돌려 받은 것이다.

신뢰 구축을 원하지 않는 리더는 없다. 다만 그것을 위해 실제로 노력하는 데는 다들 좀 인색하다. 진정 행복한 조직을 만들고 싶다면 작은 신뢰부터 확실하게 쌓아가야 한다.

직원들과 신뢰를 쌓으려면 어떻게 해야 할까?

첫째, 보이지 않는 벽을 살펴본다

직원과의 사이에 보이지 않는 벽이 있다면, 그 벽이 어디에서 비롯한 것인지 분석하고, 제거하기 위한 노력을 한다.

둘째, 나의 신뢰성은 어디서 비롯되는지 파악한다

직원 중 자신을 신뢰하는 사람이 있다면 어떤 이유에서 신뢰를 갖는지 파악한다. 그러면 다른 사람이 자신을 신뢰하지 않는 이유도 자연스럽게 알게 된다.

셋째, 직원들이 무엇을 원하는지 알아본다

매우 중요한 이야기다. 많은 경영자가 직원들이 무엇을 원하는지 파악하지 않고, 자신의 생각과 기준으로 잘해주려고 한다. 이는 효과적이지 못하다.

넷째, 냉소적인 직원과 작은 일을 같이 한다

냉소적인 태도를 보이는 직원이 있다면, 그와 작은 일이라도 함께하면서 무언가 성취했다는 느낌을 가지도록 한다. 그 과정에서 확실하게 칭찬한다.

다섯째, 항상 모범을 보이려 노력한다

직원들이 보이는 곳이나 보이지 않는 곳에서 일관성 있게 말하고 행동하도록 노력한다.

여섯째, 지속적인 노력을 기울인다

단기간의 노력으로 신뢰가 자신의 기대만큼 회복되지 않는다고 포기하지 말고, 지속적인 노력을 기울여야 결과가 나온다. 그러기 위해서는 확실히 이행할 수 있는 작은 일부터 시작한다.

불투명하거나 불안전한 상황에 처하면 사람들은 메시지보다 메신저를 신뢰한다. 리더는 구성원들과 최대한 자기 생각을 솔직하게 나누며 진지한 모습으로 함께 어울려 지내야 신뢰를 만들 수 있다.

신뢰는 구성원들과 함께
장기적으로 성과를 만들어낼 힘이 된다.

사람을 존중하라.

그러면 그는 더 많은 일을 해낼 것이다.

Respect a man, he will do the more.

_ 제임스 하월(James Howell)

2
존중받고 싶다면
먼저 존중하라

500만 명을 대상으로 한 갤럽 조사에 따르면 직장에 친한 동료가 있는 사람은 업무에 집중할 가능성이 7배 더 높고, 더 생산적이며 혁신적이다. 그렇지만 아주 친한 동료가 직장에 있다고 답한 사람은 3분의 1도 되지 않았다.

사내에 돈독한 관계가 있으면 성과에도 긍정적인 영향을 미치지만, 우리의 행복에도 커다란 도움이 된다. 하루의 대부분을 보내는 직장에서 마음이 잘 맞고 신뢰할 만한 사람이 옆에 있다는 자체가 얼마나 든든한 일인

가. 나를 믿어주고, 내가 믿는 사람이 있을 때 서로 자신감이 생길 수 있다.

롤 모델이 필요한 이유

평균 나이 30대인 리더들에게 강의할 기회가 있었다. 그들에게 살면서 롤 모델이 있는지 물었다. 그런데 거의 손을 들지 않았다.

또 모두가 취업하길 원하는 S전자에서 강의했을 때의 일이다. 조직 내에서 자신이 신뢰할 만한 리더가 단 한 사람이라도 있는 사람은 손 들어 달라고 했는데, 몇 명 밖에 들지 않았다. 이유를 물어보니 어떤 부분에서는 인정할 만하지만, 전체를 보면 실망스러운 부분이 있기 때문이라고 했다.

이 세상에 존재하는 인간 중 그 누가 모든 면에서 완벽할 수 있단 말인가! 롤 모델은 문자 그대로 역할 모델이다. 역할 모델은 주어진 업무 상황에서 능력을 잘 발휘하는지로 파악할 수 있다. 모든 면에서 본이 되는 사람을 찾는다면 실패할 수밖에 없다. 현재 자신이 가장 중요하게 생각하는 업무와 그것을 올바로 해낸 사람을 찾고, 그 방법을 따라 학습해 보고 자기 것으로 소화하는 작업이 필요하다.

그러므로 롤 모델은 역할에 따라서 여러 사람이 될 수 있다. 롤 모델을 많이 가지고 있으면 자신의 삶에 크게 도움이 된다.

32년이란 세월을 리더십 분야에 종사하면서 느낀 것이 있다. 주변에 역할 모델을 많이 가진 사람이 훨씬 풍요롭게 산다는 사실이다. 그런 사람은 어려운 일도 쉽게 극복하고, 자신 역시 다른 사람의 역할 모델로 존재할 가능성이 높다.

조직 내 역할 모델로서 서로가 서로를 인정해 줄 때, 개인과 조직의 가치는 함께 상승한다.

직원이 상사보다
일을 잘할 때

L사의 정 부장은 요즘 출근하는 일이 두렵다. 심각한 경기 불황 때문에 회사에서는 빨리 대응책을 찾아 오라고 지시하고, 하루에도 몇 번씩 회의를 한다. 회의에 들어가면 젊은 친구들이 다양한 도구들을 활용하면서 거침없이 자기 생각을 굽히지 않고 전달한다. 상사인 자신이 반대해도 크게 개의치 않는다.

그런 일이 반복되면서 정 부장의 자신감은 더 떨어졌다. 그러다 보니 직원들과 솔직한 대화도 하기 힘들어지고, 젊은 직원의 의견에 더 고압적인 태도를 취하게 되었다. 혼자 있을 때면 이런 자신이 너무도 초라해 좌절한다. 가장 노릇을 하기 위해 어쩔 수 없이 직장에 계속 다니고 있을 뿐이라고 생각한다.

조직이란 무엇인가? 다양한 사람들이 한곳에 모여 혼자서는 할 수 없는 큰일을 해내는 집단이다.

비록 어떤 면에서 부족해 보이는 리더여도 유능한 부하가 협조하면 일을 잘 해낼 수 있다. 정 부장도 그동안 나름 체계를 잘 수립하고, 업무 헌신도가 높아서 인정받았다. 그랬기에 지금의 자리에 있는 것이다.

상황이 이러할 때 정 부장도 시대의 흐름에 맞게 상사로서 노력해야 할 점이 있지만, 부하 직원도 함께 노력해야 한다.

상사보다 더 잘 아는 분야의 일을 같이 할 때, 부하 직원은 어떻게 하면 좋은가?

첫째, 상사를 배려한다

상사의 경험과 그가 가진 강점을 존중하며 자신의 강점인 최신 정보와 기기 활용 능력을 함께 나누는 시간을 갖는다. 능력 있는 부하 직원이 상사를 잘 보필하며 일하면 진정으로 서로 윈윈할 수 있다.

둘째, 긍정적인 피드백을 신속 정확하게 한다

먼저 상사의 좋은 점을 칭찬한다. 상사도 칭찬을 듣고

싫어 한다. 잘되고 있는 것과 바꿔야 할 것에 대해 솔직하게 말하면 일은 빠르게 추진된다.

셋째, 상사가 보완해야 할 점을 조용히 전달한다

완벽한 사람은 아무도 없다. 유능한 상사도 실수를 할 때가 있다. 이럴 때 다른 사람이 눈치채지 못하게 그 사항을 이메일이나 메신저로 전달하면 좋다.

넷째, 신뢰하고 있음을 표현한다

자신이 상사를 믿고 의지하고 있다는 사실을 알려야 한다. 함께 일하며 방향을 정확히 설정할 수 있어서 든 든하다고 전달하면 좋다. 그렇지 않으면 상사는 부하 직 원이 자신을 믿고 따라오는지 억지로 일하고 있는지 알 수 없다.

다섯째, 아이디어를 상사와 논의하고 구체화한다

가끔 상사가 자신의 아이디어를 가로챘다고 흥분하는 부하 직원이 있는데, 조직 내에서는 역할이 서로 다름을 알아야 한다. 조직 내에서 누가 대표성을 갖고 있는지 생각하고, 그 사람을 키워주면 상사의 승진과 동시에 자신을 신뢰하며 아이디어를 준 사람과 더 큰 일을 같이 하고 싶어 한다는 사실을 기억하라.

상대를 인정하면 관계가 좋아진다. 상대의 사기를 북돋아 주면 같이 성장할 수 있다.

감사는 존중으로 돌아온다

10년 동안 계속 성장해 온 T사의 총괄이사에게 성장 비결과 회사 소개를 해달라고 했다.

"제가 자랑할 것은 직원들밖에 없는데요?"

그 자리에 있던 직원들에게서 박수가 터져 나왔다.

중소기업에서는 유능한 직원을 구하기 힘들다고 아우성인데, T사는 2명 선발에 300명 이상 지원한다고 한다. 이어서 총괄이사는 좋은 인재들이 참 많은데 2명밖에 뽑지 못해서, 많은 이에게 능력을 발휘할 기회를 주지 못해서 회사가 미안하다고 했다.

크라이슬러의 회장이었던 리 아이아코카(Lee Iacocca)
는 "리더는 본을 세우는 사람이다. 직원들은 리더의 일
거수일투족을 살핀다"라고 했다. T사에 인재들이 앞다
투어 지원하는 이유를 한 가지로 정리할 수는 없으나 분
명한 것은 먼저 직원을 인정하고 사랑하는 리더가 있기
때문일 것이다.

이에 반해 임직원 30여 명의 C사가 있다. 작은 규모지
만 인지도가 높은 회사여서 직원을 뽑을 때 많은 사람이
몰려 신중하게 선발한다. 그런데 인재를 선발해 열심히
가르쳐서 역량을 길러놓으면, 다른 회사에서 스카우트
제의가 왔을 때 너무 쉽게 약속을 저버리고 떠나는 사람
이 많았다.

CEO의 입장에서 번번이 황당하고 억울해서 직원들
에게 노골적으로 섭섭함과 서운함을 드러냈다. 그런 모
습이 몇 번 반복되다 보니 누군가 퇴사한다는 소리가 나
오면 바로 회사 분위기가 어두워지면서 서로 눈치를 보

는 상황이 벌어졌다.

또 D사는 창업한 지 20년이 넘었고, 업계에서 꽤 알려진 곳이다. 그런데 직원을 구해달라고 하면 헤드헌터사에서 모두 고개를 가로젓는다. CEO가 너무 똑똑해서 아무리 유능한 사람을 구해줘도 얼마 못 가 나오는 사람들이 대부분이라는 이유다.

그 회사를 다니다 퇴사한 사람들 말에 따르면 인정받지 못해서 사표를 냈는데, 오히려 CEO가 왜 사표를 내느냐며 엄청나게 화를 내고는 있어 달라고 붙잡아서 매우 당황스러웠다고 한다.

인재가 넘쳐나는 T사와 인지도가 있지만 직원들이 자주 떠나는 C사와 직원을 구하기가 어려운 D사는 인재를 대할 때 무엇이 다를까?

리더의 표현에서 생각의 차이를 엿볼 수 있다.

T사의 총괄이사는 평소에 직원들에게 감사하다고 말하며, 자랑하고 싶은 존재라고 여기는 사고가 마음 깊이

존재한다. 생각이 행동을 지배하므로 자연스럽게 그런 표현이 나오는 것이다. 다른 두 회사의 리더에게는 직원에 대한 감사함보다 몇몇 직원에 대한 트라우마가 더 크게 자리 잡고 있음을 알 수 있다.

세종대왕은 사람의 품성은 여울의 물과 같아서 동쪽으로 터놓으면 동쪽으로 흐르고, 서쪽으로 터놓으면 서쪽으로 흐른다고 했다. 즉 사람의 품성은 처음부터 정해진 것이 아니라 터놓은 방향에 따라 착하게 될 수도 있고, 악하게 될 수도 있다는 것이다.

유능한 인재를 보유하고 서로가 자랑스러운 존재가 되고 싶다면 자랑하고 싶은 직원 단 한 사람이라도 깊이 새기고, 매일 감사함으로 시작해 보자. 어느 순간 자신이 직원을 자랑하는 리더의 멋을 풍기게 될 것이다.

직원들에게 감사하는 마음을 가지면
그 마음은 전달되어 존중으로 돌아온다.

리더는 본을 세우는 사람이다.

직원들은 리더의 일거수일투족을 살핀다.

_ 리 아이아코카(Lee Iacocca)

3

어떤 리더가
끝까지 살아남는가

한 합창단의 전임 지휘자는 풍부한 유머와 뛰어난 감각으로 단원들의 실력을 높여 훌륭한 합창단으로 만들었다. 그러나 완벽주의 성격 때문에 자신과 단원들을 힘들게 했다. 탈퇴하는 단원들이 발생했고 팀원 사이 단합도 잘 이루어지지 않았다.

이후 경륜이 부족한 젊은 지휘자가 임시로 왔다. 합창단 분위기는 그 어느 때보다 밝아졌다. 단원들 상호 간에 협동심을 발휘하는 것이 눈에 띄었고, 서로를 격려하며 칭찬했다. 지휘자로서의 능력은 부족했지만, 진정으로 음악을 사랑하며 노력하는 모습이 단원들의 마음을 움직인 것이다.

젊은 지휘자는 단원들과 연습할 때 "전임자의 탁월한 음악성으로 잘 지도받아 역시 실력이 좋다"는 칭찬을 많이 했다. 그러면서 비록 자신은 전임자에 비해 실력이 부족하고 임시로 왔지만, 있는 동안에라도 열심히 하겠으니 단원들도 같은 마음으로 동참해 줄 것을 당부했다.

누구든 자기를 높이는 사람보다는 낮은 자리에서 솔선수범하며 상대방을 인정하는 이에게 더 협조적이 된다.

회사의 규모는
직원들 꿈의 합이다

사양산업이라고 알려진 자동차 관련 업계에서 거침 없이 성장하고 있는 회사가 있다. G사의 이 대표는 대기업에서 직장 생활을 하다가 더 늦기 전에 내 사업을 하겠다고 50대 초반에 G사를 세웠다. 창업하면서 가장 염

두에 둔 것은 기업 문화였다. 그의 고민은 '다양한 경험을 가진 사람들이 정말 즐겁게 일하는 회사를 어떻게 만들 수 있을까?'였다.

그는 회사에서 지켜야 할 것과 하지 말아야 할 것을 정리하는 팀부터 만들었다. 그 팀에서 매달 관련 교육을 진행하는데, 직원들에게 참석을 강요하지는 않았다.

"회사의 규모는 직원 한 사람, 한 사람의 꿈의 총계예요. 제 비전보다 직원들의 비전이 더 큰데, 제가 직원들에게 시시콜콜 무얼 지시하겠어요?"

이 말을 하는 그의 작은 체구가 그 어떤 거인보다 커 보였다. 이 대표의 이런 생각은 철저히 직원들의 능력을 믿어주는 데서 출발했다.

미래학자 모니크 R. 지겔(Monique R. Siegel)은 《창의적 기업을 만드는 7가지 원칙》에서 "혁신 없는 기업은 다 빈치처럼 훌륭한 인재도 더 이상 생각하지 않는 사람으로 만들 수 있다"라고 했다. 이 시대는 누구보다 한발 앞서서 탁월한 아이디어를 쏟아내고 끊임없이 진화해야

만 살아남을 수 있다.

이 대표가 직원들이 창의적이고 즐겁게 일하게 하기 위해 구축한 문화는 이렇다.

첫째, 버킷리스트를 작성한다

자신부터 버킷리스트를 작성해서 활용해 보니 성취감과 만족감이 높아서 직원들과 함께하기 시작했는데, 현재 직원들의 70% 정도가 실행하고 있다.

둘째, 회의는 금요일에 한다

직원들이 회의 스트레스를 받지 않고, 주말에 편히 쉴 수 있게 하려고 정한 룰이다.

셋째, 의사 결정은 항상 당일에 끝낸다

고민을 집으로 안고 가지 않도록 한다.

넷째, 정시에 퇴근한다

모두 6시 10분 전에 퇴근하라고 한다.

다섯째, 실패할 수 있는 자유를 갖는다

실패했을 때 질책하는 엄격한 분위기가 아닌 계속 도전할 수 있는 분위기를 만든다.

모니크 R. 지겔은 "사고가 굳으면 혁신도 없다"면서 끝없이 호기심을 느끼게 하고, 새로운 아이디어의 실패에도 너그러운 문화를 조성하라고 했다.

최근 주 52시간 근무제 실시와 워라밸의 요구로 기업에서는 출퇴근 시간을 엄격히 통제하려고 한다. 그러나 사실 오래전부터 원격 근무가 가능했기 때문에 이미 업무 시간과 여가 시간의 경계가 흐려져 있다. 즉 시간으로 통제하는 것은 큰 의미가 없다.

그보다는 개인과 조직의 발전을 위해 서로 노력하고 있다는 믿음을 구축하는 것이 우선이다.

위기 상황에
리더의 그릇이 드러난다

———

　모든 일이 잘 진행되고 있을 때에는 제법 훌륭한 리더처럼 보이던 사람도 위기 상황에 처하면 그동안 보였던 품위는 온데간데없고, 자기 자신만 보호하기에 급급해서 본색이 드러나는 일이 종종 있다. 그런 리더는 어떻게든 상황을 모면하려 하거나 다른 사람에게 책임을 전가하려 한다.

　최근에 만난 A임원도 B임원의 태도에 놀랐다고 했다.

　"회사에 문제가 발생하니까 자기 부서에서 잘못해서 벌어진 일인데, 그 책임을 우리 부서한테 돌리는 겁니다. 우리가 잘못한 것처럼 부풀리고, 책임을 전가해서 결국 우리 부서가 코너에 몰렸어요."

　결국 A임원은 다른 부서 탓을 하며 책임지지 않으려는 B임원의 모습에 화가 나서 엄청나게 항의했다고 한다. 다행히 겨우 정리가 되어 부서원과 함께 한숨을 돌리며 안도했단다. 그러나 아직도 그런 행동을 한 B임원이 이해가 안 되고, 공개적으로 자신이 화낸 일 때문에 불편함이 남아 있다고 했다.

똑같은 상황은 아니더라도 부정적인 상황에 맞닥뜨리게 되면 몸부터 사리는 리더가 정말 많다. 신경질적인 반응을 하거나 결정을 미루며 우왕좌왕하는 등 각양각색의 반응을 보인다.

누구에게나 상황에 따른 이유와 변명이 있지만, 아무리 성격이 좋은 사람이라도 자신이 위험에 처하게 되면 순간적으로 자기중심적으로 행동하기 쉽다. 그럼 어떤 리더가 좋은 리더로 기억되는가? 기꺼이 책임지는 리더가 끝까지 신뢰받고, 결국 진정한 리더로 자리 잡는다.

책임지는 리더는 무엇이 다른가

변화가 심하고 불안정한 사회에서는 안정된 조직에 있더라도 내면에는 불안감이 쌓이기 마련이다. 이럴 때일수록 책임지는 리더가 빛을 발하고, 조직에서도 책임지고 일을 추진할 수 있는 사람이 필요하다.

피터 드러커는 '리더십의 본질'이 리더가 가진 자질이 아닌 역할과 책임에서 나온다고 했다. 자신의 역할에 책임을 다하는 리더는 어떤 특징이 있을까?

- 주어진 사명과 목표를 구성원에게 명확히 공유한다.
- 조직에서 할 일의 우선순위를 결정한다.
- 바람직한 행동의 기준이 무엇인지를 제시한다.
- 올바른 인식과 실행에 대한 책임감을 유지한다.

기꺼이 책임을 지는 리더는 어떤 행동을 할까?

- 특권을 추구하지 않는다.
- 잘못한 일을 한 직원에게는 명확한 피드백을 한다.
- 그러나 최종 결과에 대해서는 자신이 책임을 진다.
- 자기보다 뛰어난 직원과 일하는 것을 두려워하지 않는다.
- 직원들을 잘 가르치며 함께 성공을 만들어나간다.

권한 위임의
7가지 원칙

강 상무는 광고업과 NGO 단체 등에서 30년 가까이 일해왔다. 그는 요즘이 가장 행복하다고 말했다.

"내려놓으니까 이렇게 좋네요."

처음에 지금 조직으로 왔을 때, 그도 막막했다. 70여 명의 직원을 데리고 일해야 하는 자리다 보니 부담스럽고 어떻게 해야 할지 몰랐다고 한다. 그러다가 자신의 예전 경험을 떠올렸다.

"저는 리더가 저를 정말 신뢰하면서 일을 맡긴다는 확신이 들면 다른 것은 안 보고 오직 그분께 초점을 맞추어 최선을 다했거든요. 저한테 다 위임하면서 믿어주는 자체가 감사해서 식사 시간도 거를 정도로 일에 몰입했습니다. 그때마다 항상 기대 이상의 결과가 나왔어요."

그래서 자신도 직원들을 믿고 다 위임하기로 했다고 한다. 마치 지금의 사장이 자신을 신뢰하고 일을 맡겨주어서 감사하며 일하고 있듯이 말이다. 이로써 회사는 어느덧 서로 신뢰하며 섬기는 선순환이 생겼다.

권한 위임은 조직이 더 효율적이고 능동적으로 발전하기 위해서 필요하다. 리더가 아무리 뛰어나다 할지라도 세세한 것까지 다 파악하기는 힘들다. 리더가 세부적인 부분까지 하나하나 지시한다면, 부하 직원들은 항상 리더의 눈치만 보며 리더의 지시가 떨어질 때까지 움직이지 않게 된다.

'권한 위임의 정석'에 대해 삼성경제연구소에서 제안한 7가지 원칙이 있다.

- 권한 위임은 분배가 아니라 확장임을 명심하라.
- 위임하는 일의 범위와 내용을 명확히 하라.
- 부하 직원의 역량을 파악하고 개발하라.
- 성공 경험을 쌓게 하라.
- 업무의 자율성을 인정하라.
- 열린 질문을 하고 공감하며 경청하라.
- 긍정적 피드백을 활용하라.

《성과 사회》를 보면 이미 거대한 패러다임의 변화가 시작됐는데, 사람들의 인식은 제대로 바뀌지 않았다고 한다. 책에 따르면 '성과 사회'인 지금은 개인들이 일을 할 때 자율적으로 결정하게 하고, 조직은 구성원이 가진 역할의 가치를 독립적으로 존중해 주어야 한다. 또한 구성원 간의 협업도 중요한 요소로 작용한다.

권한 위임이란 개인이나 그룹이 자율적으로 행동을 선택하고, 그 선택을 원하는 결과로 바꾸는 능력을 배가시키는 과정이다. 즉 리더는 **당장의 결과만 생각하고 자기가 먼저 일하려 들지 말아야 한다. 구성원이 잘할 수 있는 일을 올바른 질문과 경청 그리고 피드백을 통해 찾아야 하는 것이다.**

구성원이 작은 성공을 경험할 수 있도록 도우면 성과는 자연스럽게 따라온다.

당신이 할 수 있다고 믿든, 할 수 없다고 믿든

믿는 대로 될 것이다.

Whether you think you can, or you think you can't, you are right.

_ 헨리 포드(Henry Ford)

4

서로를 세워줄 때
함께 빛난다

CEO들의 모임에서 글로벌 P사의 얘기가 나왔다. P사는 자사의 기업 문화와 시스템 정립을 위해서 업계에서 알아주는 A사와 B사를 공동 프로젝트의 파트너로 받아들였다.

그런데 그중 A사만 단독으로 제안서를 제출하고 설명회를 했다. 설명회가 끝난 후 P사 대표가 몇 가지 질문을 해보았더니 A사 단독으로는 프로젝트를 수행할 수 없다고 느꼈다. 그런데 놀랍게도 B사는 A사가 설명회를 개최한다는 사실도 몰랐다.

이 얘기를 듣고 이제 A사와 B사가 힘을 합해도 P사의 과제를 수행하기는 어렵겠다고 생각했다. 혼자서 성과를 올리면 좋을 것 같지만, 상호 경쟁하며 협력하지 않으면 다 같이 성과를 못 내는 경우가 많다.

우린 상호의존하며 살아갈 수밖에 없다. 모든 인간은 빈 구멍이 있고, 그 때문에 각자 고민한다. 다행히 어떤 사람의 빈 구멍을 다른 사람이 채워줄 수 있다. 기업이든 사람이든 서로의 부족한 점을 채워가면 혼자서는 할 수 없는 큰일을 해낼 수 있다.

일 잘하는 직원이 따르는
유능한 리더의 조건

조직에서 어떤 일이 진행되려면 일의 방향을 설정하고 이끌어나갈 리더와 그 일을 실제로 진행할 직원이 필요하다. 즉 어디에서든 리더와 직원이 함께해야 일이 이루어진다. **리더에게 필요한 것은 긍정적인 영향력이고,**

직원에게 필요한 것은 최선을 다하는 충성심이다.

리더와 직원은 상호 보완적이고 필수적인 관계다. 개인과 조직이 행복하기 위해서는 양자가 최고의 기량을 발휘해야 한다. 리더십을 잘 발휘하는 유능한 리더와 충성심을 잘 발휘하는 유능한 직원, 이 둘의 조합으로 성과가 만들어진다.

〈월스트리트 저널〉이 조사한 바에 따르면 탁월한 성과를 창출한 인재는 사람에 대한 관심과 애정, 신뢰를 가지고 있었다고 한다. 즉 성과가 높은 사람은 혼자 일한 것이 아니라 주변의 사람들을 챙기며 함께 결과를 만들었고, 그런 사람의 과거를 보면 유능한 직원이었다.

성공해서 존재감을 드러내고 싶어 하지만, 외톨이처럼 일하는 사람들을 본다. 복잡하고 다양화된 현대 사회에서 혼자만으로는 성공을 이어갈 수 없다. 실제로 성공한 리더는 부하 직원에게 충고를 구하는 등 다른 사람의 의견을 경청하는 특성을 가지고 있다. 마찬가지로 충성심을 가진 유능한 직원이 나중에 유능한 리더가 될 확률이 높다.

살아남는 기업은
역할 분담이 잘되어 있다

2023년 기준 국내 스타트업이 300만 사가 넘었다고 한다. 연간 20만 개 이상의 기업이 새로운 기술과 서비스를 기반으로 부푼 꿈을 안고 사업을 시작한다. 하지만 그중 살아남아 유니콘 기업이 되는 곳은 손가락으로 꼽힐 정도다.

힘든 고비를 넘기고서 실제 사업이 될 만한 상황에서 무너지는 기업들을 종종 본다. 기업이 망하는 이유를 살펴보면 자금 문제도 크지만, 함께 창업한 멤버 간에 서로 의사소통이 잘 되지 않거나 불분명한 책임 소재 때문이 많다.

기획 및 개발(아이디어맨), 운영 및 관리(관리맨), 마케팅 및 영업(마케팅맨)을 담당하는 세 사람이 시작한 K사의 사례를 살펴보자.

이들은 각자 최고의 역량을 보유하고 있었지만, 서로

맞지 않는 점도 너무나 많아서 정말 함께 일할 수 있을지 시작부터 불안해했다.

새로운 것을 만들어내는 창의력이 높은 아이디어맨은 매사에 원칙과 수치를 들이대며 일을 처리하는 관리맨이 너무 답답해 보였다. 반대로 철저한 분석을 통해 파악한 정량적 수치를 바탕으로 의사 결정을 해야 하는 관리맨의 입장에서는 직관력과 상상력을 발휘하여 수시로 결정을 바꾸려는 아이디어맨 때문에 계획대로 일을 진행하기가 어려웠다.

이에 많은 사람과 공감대 형성을 중요하게 생각하고 함께 즐겁게 일하고 싶은 마케팅맨은 자기가 생각한 전략을 신속하게 실행하지 못하고, 모두 합의할 수 있는 방법을 찾을 때까지 인내심을 발휘하며 계속 기다리는 상황이 되었다.

이렇게 누가 봐도 지속되기 어려워보였던 K사가 이제 함께 웃으며 성공을 향해 열심히 달려가고 있다. 과연 어떻게 가능했을까?

이들은 성공진단을 함께 받고 난 후 각자 쉽게 할 수

있는 일과 어려워하는 일, 의식하지 못하고 나오는 반응들에 대해 서로 이해하며 배려하기로 했다. 세 사람은 서로에 대해 알고 난 후 일하는 방식을 새로이 정했다.

아이디어맨은 창의력을 발휘하되 원칙이 필요함을 인정하고, 상호 합의한 기준을 고려하며 좀 더 신중하게 의견을 내기로 했다.

마케팅맨은 모두의 합의를 얻지 못했더라도 사전에 정한 큰 틀에 따라 적절한 타이밍에 소신껏 마케팅을 진행하기로 했다. 예산에 따라 페이스북 광고를 이메일 광고로 전환하기도 하고, 소비자 반응에 따라 매체나 내용을 바꾸는 등 즉각적으로 실행하는 것이다.

모든 것이 명확해야 한다는 생각으로 자료를 분석하고 규칙을 정하려 했던 관리맨은 큰 그림을 함께 보며 유연성을 발휘하는 일의 중요성을 알게 되었다.

이렇게 각자의 역할에 대해 이해하고 기준을 설정하고 나니 서로가 여유 있게 상대방과 협력할 수 있게 되었다.

사실 서로 신뢰하지 않았다면 처음부터 같이 창업하

지 않았을 것이다. 그 믿음을 토대로 기준을 세우고 각자의 성향과 서로 노력해야 하는 점에 대해 명확히 이해한다면 아름다운 동반 성장이 이루어질 것이다.

리더의 믿음은 돌아온다

사회심리학자인 존 바그(John Bargh) 예일대학교 교수는 우리 뇌가 '움직인다'라는 단어를 읽으면 무의식적으로 행동할 준비를 한다고 말했다. 즉 특정 단어는 뇌의 특정 부위를 자극한다는 것이다.

K사 박 상무는 임원들 사이에서 별로 환영받지 못했다. 평소에 자신감이 넘쳐서 뭐든 할 수 있다는 자세로 행동했기 때문이다. 그러던 어느 날 그가 중책을 맡게 되면서 내부에서 동요가 일어났다.

'지금 회사가 위기 상황인데 저런 사람이 과연 일을 해낼 수 있을까?'

다들 염려했지만, 박 상무를 믿고 일을 맡긴 지 6개월이 지나자 모두 깜짝 놀랄 일이 일어났다. 전년도 매출 저하로 적자를 냈던 회사가 그해 상반기에 목표치를 달성하며 전 직원이 희망찬 모습으로 일하게 된 것이다.

회사 대표에게 박 상무를 어떻게 믿고 그 일을 맡길 수 있었느냐고 질문했더니 이런 답이 돌아왔다.

"다른 사람 눈에는 그의 행동이 단순히 잘난 척한다고 비칠 수 있지만, 저는 무슨 일이든 할 수 있다고 생각하고 행동하는 그 태도가 귀하게 느껴졌습니다.

어려운 때일수록 자신감이 위기에서 벗어나게 하는 힘이라고 믿었어요. 제 믿음이 박 상무에게 긍정적으로 작용하여 이런 결과를 만들어낸 것 같습니다."

이 대표의 이야기를 들으며 리더의 그릇을 떠올렸다.

리더가 자신의 그릇을 키워

진심으로 직원을 믿어주면

멋진 결과가 나온다.

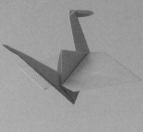

위대한 리더는 반드시 위대한 일을 하는 사람이 아니다.

사람들로 하여금 위대한 일을 하게 만드는 사람이다.

_ 로널드 레이건(Ronald Reagan)

비전을 나누면
신뢰가 쌓인다

대표였을 때 우리 회사의 팀장과 대화를 나눈 적이 있다. 그 팀장은 "대표님께서 요새 힘들다는 걸 다 아는데 아무 말씀도 안 하시니까 섭섭한 마음이 들었어요"라고 했다. 나는 평소에 직원들에게 서로 신뢰하며 일하자고 이야기했지만, 직원들이 보기에는 자신들을 못 믿어서 내가 혼자 다 감당하는 것 같은 생각이 든 것이다.

나는 혼자서 힘들게 견디고 있다고 생각했는데, 직원들은 자신들을 불신하고 있다고 느꼈다는 사실에 무척 당황했다. 중소기업을 경영하는 분들과 대화를 나누다 보면 서로 비슷한 경험을 많이 해서 이런 말을 하면 피식 웃는 분들이 꽤 있다.

솔직하고 강한 조직을 만드는
3가지 방법

지금은 그 어느 때보다 민첩하게 의사 결정을 해야 조직이 살아남을 수 있는 시대다. 그러나 서로의 생각을 자유롭게 표현하는 분위기는 결코 쉽게 만들어지지 않는다. 그러기 위해서는 경영자가 먼저 솔직해져야 하고, 직원들이 반대 의견을 내더라도 서로 비난하지 않고 이해하려 노력해야 한다.

절대로 하루아침에 이뤄지지 않는다. 어떻게 하면 솔직한 대화를 나누면서 강한 조직을 만들 수 있을까?

첫째, 주요 전략과 관계는 사전에 의견을 조율한다

경영진이 사전에 몇몇 사람과 의논해 1차로 의견 조

율을 할 필요가 있다. 그런 절차 없이 바로 중요한 이슈를 내놓고 솔직하게 대화하자고 하면, 형식은 대화 같지만 실제로 직원들 입장에서는 단순히 듣기만 하고 경영진이 설명하는 방식으로 흐르기 때문이다.

둘째, 직접적인 이슈는 공식적으로 진행한다

고객에게 불평이 제기돼서 이미 직원들이 다 알고 있는 일이 있다고 하자. 회사 측에서는 알려져서 좋을 것이 없다고 생각해 비밀스럽게 몇몇이 모여서 해결하려고 들지 말아야 한다. 공식적으로 해야 한다는 의미는 이미 드러난 문제와 그에 대한 회사의 대응 방법 등을 즉시 오픈해서 나눈다는 뜻이다.

셋째, 체계적인 대화가 이루어지도록 한다

누구 한 사람의 일방적인 발표가 아니라 관련 부서 또는 참여자들이 단 2~3분이라도 자신들의 생각을 표현하도록 준비시켜야 한다. 무엇보다도 리더가 혼자서 문제를 전부 감당하려 하지 말고, 직원들과 솔직하게 아픔을 이야기할 준비가 돼야 한다. 이렇게 솔직한 대화를 나눌 수 있는 문화가 형성되었을 때, 빠른 의사 결정과 대응책이 마련된다.

리더는 희망을 보여줘야 한다

A사는 요즘 같은 불경기에도 성장하고 있다. 그런데 오히려 직원들의 퇴사율은 높아졌다. 정 대표는 그 이유를 객관적으로 알아봐 달라고 우리 회사에 요청해 왔다.

"회사에서는 나름대로 복지도 잘해주는데, 뭐가 문제일까요? 조직에 정말 힘이 될 만한 3~4년차 직원들이 계속 빠져나가는데 이유를 모르겠습니다."

직원들을 인터뷰해 보니 공통적으로 이런 대답이 나왔다.

"회사가 성장한다고는 하는데, 솔직히 너무 바빠서 힘들기만 해요. 일이 바쁜 거랑 제 개인적인 비전이 어떻게 연결되는지 전혀 모르겠어요."

회사를 그만두려는 이들에게 그 이유를 물었다. 다들 몇 년 후 자신의 모습을 그려보니, 지금 같은 상황이 계속 반복될 것 같아서 조금이라도 이른 나이에 하고 싶은 일을 찾아가고 싶다고 했다. 다른 의견으로는 자신은 좀 더 편한 곳을 찾고 싶다고도 밝혔다.

임원들도 차례로 인터뷰를 해보았다. 회사가 어떤 비전을 가지고 나아가는지 아는 사람은 임원 중에서 3명밖에 없었다.

코칭의 초점은 뚜렷했다. 정 대표는 당장 매일 단 한 사람에게라도 조직의 비전을 정확히 알려서 긍정적인 바이러스가 조직 안에 퍼지도록 행동해야 했다.

리더는 희망을 보여주는 존재다. 리더의 태도는 전염성이 강하다. 리더가 비전을 말하고 낙관적인 태도를 보여야 직원들이 안심하고 움직인다.

너무 멀리 생각하지 말고
오늘, 이 순간 비전을 나누어보자.

변화하지 않으면 모든 것을 잃는다.

To remain static is to lose ground.

_ 칼리 피오리나(Carly Fiorina)

리더는 스스로에게
너그러워야 한다

"저는 제가 지금 이 자리에 있는 것이 맞는 일인지 모르겠습니다. 저보다 더 역량이 뛰어난 분이 앉아야 할 자리가 아닌지…."

"승진해서 좋은 것이 아니라 부담감이 너무 커서 잠도 제대로 못 자고, 심지어 휴일에도 잠시 회사에 나와야 조금 안심이 됩니다."

"우연하게 시작한 일이 다른 사람들에게 잘한다고 인정받으면서 자연스럽게 사업을 시작했는데, 10년이 지나면서 회의감에 빠져듭니다."

리더들과 만날 때면 거의 매번 듣는 말이다.

실제로 리더십을 기르는 여정은 순탄하지 않다. 단순한 성공의 연속이 아니라 자신에 대한 깊은 이해, 타인에 대한 공감, 지속적인 성장과 균형을 찾고 나누는 리더가 되기까지 때로는 의심과 불안, 부담감으로 가득차기도 한다. 그러나 이 모든 과정은 우리를 더 나은 리더로 성장시킨다.

이 책을 마감하며, 리더로서 겪는 부담감을 이겨내는 방법에 대해 이야기하고 싶다. 많은 리더가 겪는 부담은 성장의 길을 가고 있다는 징표다.

'내가 이 자리에 있어도 되는 걸까?' '내 역량으로 충분한가?' 같은 의문은 더 나은 사람이 되기를 요구하는 내면의 목소리다. 이러한 생각은 우리가 더 깊이 자신을 성찰하고, 더 넓은 시야로 세상을 바라보게 하며, 마침내 더욱 멋진 리더십을 발휘할 수 있게 한다.

다시 강조하자면 리더의 본질이란 '조직을 성공적으로 이끌기 위해 지위나 권력을 누리기보다는 긍정적인

영향력으로 서로가 인정하는 행복한 변화를 만드는 것'
이다.

'리더의 본질'을 지킨다는 것은 리더 한 사람의 노력
만으로 이루어지는 것이 아니다. 구성원 모두가 각자의
역할에서 최선을 다하고, 서로를 신뢰하며 함께 성장해
나가는 과정 속에서 이루어진다.

리더라는 자리에서 오는 부담감, 잠 못 들게 하는 여
러 고민, 휴일에도 내려놓을 수 없는 책임감. 이 모든 것
이 리더의 역할에 대한 깊은 애정에서 비롯된 것이다.
이러한 감정은 리더의 가치와 역할이 그만큼 중요하다
는 방증이기도 하다.

그러므로 리더는 스스로에게 너그러워져야 한다. 완
벽을 추구하기보다는 지금의 자리에서 할 수 있는 것에
최선을 다하며, 자신과 팀 모두에게 성장과 학습의 기회
를 제공해야 한다.

진정한 행복은 자기 자신을 알고, 자신의 한계를 인정
하며, 그 안에서 최선을 다하는 것에서 온다. 그것은 우

리가 타인과의 관계에서 진정으로 소통하고, 우리가 나눌 수 있는 것을 통해 서로를 풍요롭게 할 때, 그리고 우리 자신과 우리 삶에 대한 진실된 이해와 균형을 유지할 때 이루어진다. 진정한 성장과 행복은 매일의 작은 승리와 발전에서 비롯되며, 이는 우리가 세상에 긍정적인 영향을 끼칠 수 있는 힘을 갖게 해준다.

이 글을 읽는 모든 분들께 전하고 싶다.

자신을 믿고 인정하세요.

진심을 다해 타인과의 관계성을 쌓아보세요.

매일 함께 작은 성장을 이루며 기뻐하세요.

올바른 기준을 세워 균형을 잡으세요.

자신이 나눌 수 있는 것이 있다는 확신을 가지고
여유를 찾으세요.

리더의 본질

스스로 변화하는 조직을 만드는
리더십 불변의 법칙

초판 1쇄 발행 2024년 4월 3일
초판 2쇄 발행 2024년 4월 29일

지은이 홍의숙
펴낸이 김선식

부사장 김은영
콘텐츠사업2본부장 박현미
책임편집 김현아 **디자인** 마가림 **책임마케터** 문서희
콘텐츠사업5팀장 김현아 **콘텐츠사업5팀** 마가림, 남궁은, 최현지, 여소연
마케팅본부장 권장규 **마케팅1팀** 최혜령, 오서영, 문서희 **채널1팀** 박태준
미디어홍보본부장 정명찬 **브랜드관리팀** 안지혜, 오수미, 김은지, 이소영
뉴미디어팀 김민정, 이지은, 홍수경, 서가을, 문윤정, 이예주
크리에이티브팀 임유나, 박지수, 변승주, 김화정, 장세진, 박장미, 박주현
지식교양팀 이수인, 염아라, 석찬미, 김혜원, 백지은
편집관리팀 조세현, 김호주, 백설희 **저작권팀** 한승빈, 이슬, 윤제희
재무관리팀 하미선, 윤이경, 김재경, 이보람, 임혜정
인사총무팀 강미숙, 지석배, 김혜진, 황종원
제작관리팀 이소현, 김소영, 김진경, 최완규, 이지우, 박예찬
물류관리팀 김형기, 김선민, 주정훈, 김선진, 한유현, 전태연, 양문현, 이민운
외주스태프 이정임

펴낸곳 다산북스 **출판등록** 2005년 12월 23일 제313-2005-00277호
주소 경기도 파주시 회동길 490 다산북스 파주사옥
전화 02-704-1724 **팩스** 02-703-2219 **이메일** dasanbooks@dasanbooks.com
홈페이지 www.dasan.group **블로그** blog.naver.com/dasan_books
종이 신승아이엔씨 **인쇄** 민언프린텍 **코팅·후가공** 제이오엘앤피 **제본** 국일문화사

ISBN 979-11-306-5200-9 (03320)

다산북스(DASANBOOKS)는 독자 여러분의 책에 관한 아이디어와 원고 투고를 기쁜 마음으로 기다리고 있습니다.
책 출간을 원하는 아이디어가 있으신 분은 다산북스 홈페이지 '투고원고'란으로 간단한 개요와 취지, 연락처 등을
보내주세요. 머뭇거리지 말고 문을 두드리세요.